Juan Ruiz de Alarcón

La crueldad
por el honor

Barcelona **2024**
Linkgua-ediciones.com

Créditos

Título original: La crueldad por el honor.

© 2024, Red ediciones S.L.

e-mail: info@linkgua.com

Diseño de cubierta: Michel Mallard.

ISBN tapa dura: 978-84-9953-672-9.
ISBN rústica: 978-84-9816-299-8.
ISBN ebook: 978-84-9897-925-1.

Sumario

Brevísima presentación

La vida

Juan Ruiz de Alarcón y Mendoza (1581-1639). México. Nació en México y vivió gran parte de su vida en España. Era hijo de Pedro Ruiz de Alarcón y Leonor de Mendoza, ambos con antepasados de la nobleza. Estudió abogacía en la Real y Pontificia Universidad de la Ciudad de México y a comienzos del siglo XVII viajó a España donde obtuvo el título de bachiller de cánones en la Universidad de Salamanca. Ejerció como abogado en Sevilla (1606) y regresó a México a terminar sus estudios de leyes en 1608.

En 1614 volvió otra vez a España y trabajó como relator del Consejo de Indias. Era deforme (jorobado de pecho y espalda) por lo que fue objeto de numerosas burlas de escritores contemporáneos como Francisco de Quevedo, que lo llamaba «corcovilla», Félix Lope de Vega y Pedro Calderón de la Barca.

Personajes

Acompañamiento
Berenguel, galán
Bermudo, viejo grave
Don Ramón, galán
Doña Teodora, dama
El Conde de Urgel, Viejo
El príncipe don Alfonso, niño
El señor de Mompeller, galán
Inés, criada de Teresa
La reina Petronilla, dama
Molina, valentón
Nuño Aulaga, viejo grave
Pedro Ruiz de Azagra, galán
Sancho Aulaga, galán
Soldados
Teresa, dama
Un Secretario
Un Trompeta
Vera, valentón
Zaratán, gracioso

Jornada primera

(Sale Zaratán de caza, cojeando.)

Zaratán   ¡Ay! ¡Doy al diablo la caza;
que él sin duda la inventó!
¡Ay! ¿Que pudiéndola yo
cómodamente en la plaza
  de Zaragoza escoger,
sin arriesgar por seguilla
un cabello, una rodilla
me venga al campo a romper?
  ¿Que tan a costa y despecho
de su descanso, a la sierra
se parta un hombre a dar guerra
a un gazapo? ¿Qué me han hecho
  las liebres y los conejos?
Como mujer es quien da
en cazar, que a misa va
siempre a la iglesia más lejos.
  Pues si la caza se estima
por ser viva imitación
de la guerra, esa razón
la condena; que la esgrima
  a las pendencias imita,
y se ve ordinariamente
que en la blanca no es valiente
quien más la negra ejercita;
  y quien más use en la sierra
seguir el bruto cobarde,
confío menos que aguarde
a un enemigo en la guerra;
  que enseñarse a la conquista
de quien no sabe aguardar,

es enseñarse a extrañar
enemigo que le embista.
Dirá alguno: «Esa razón
cesa en la caza del oso,
que aguarda y es animoso,
y mata de un pescozón».
Yo digo que es loco error,
por solo gusto, arrojarse
donde puede ser ahogarse
el más diestro nadador;
que si me arriesgo en la sierra
a morir por enseñarme,
¿pueden a más condenarme,
si voy bisoño a la guerra?

(Sale Nuño, de peregrino, bien tratado.)

Nuño   Dadle por Dios, caballero,
a este peregrino...

Zaratán   Bien
manifiesta serlo quien
no ve que soy escudero.
Mas, decidme, ¿en el olor
a un pobre no conocéis?
¿Qué me pedís? Si queréis
que con vos parta el dolor
de esta pierna, que en el choque
de una peña me mostró
cuánto con Dios mereció
la rodilla de San Roque,
tanto de él os puedo dar,
que claudicante quedéis;
y hacerme merced podéis,

pues que no os ha de estorbar,
   aunque al patrón galiciano
os destinéis, peregrino,
puesto que anda en su camino
tanto el cojo como el sano.

Nuño
   ¡Ojalá posible os fuera
partir conmigo el dolor,
pues fuera en ambos menor,
si en los dos se dividiera!
   Si no tenéis con qué hacer
la limosna que he pedido,
no importa; que no la pido
por haberla menester,
   sino porque mendigar
prometí.

Zaratán
         ¡Gracias a Dios,
que he visto un mendigo en vos,
que pida sin porfiar!

Nuño
   No solo no os he de ser
importuno; mas me atrevo
a partir de lo que llevo,
si de ello os queréis valer.

Zaratán
   ¿De dónde vino a Aragón
tan liberal peregrino?

Nuño
De la Tierra Santa vino
a visitar al patrón
   de España.

Zaratán
            ¿Sois español?

Nuño	En el reino donde el pie
	estampo agora, gocé
	la luz primera del Sol;
	y despierta esta ocasión
	en mí un natural cuidado
	de escucharos el estado
	de las cosas de Aragón.
Zaratán	Todo en discordias se abrasa...
	Pero mi dueño es aquél,
	y podréis saberlo de él,
	porque por sus manos pasa.
Nuño	¿Y quién es?
Zaratán	Es quien consagra
	a la fama en las historias
	con su valor mil vitorias;
	es Pedro Ruiz de Aragón,
	señor de Estela, y señor,
	si méritos dan justicia,
	del mundo.
Nuño	Larga noticia
	tengo de su gran valor.
	Mas mientras llega, decid,
	¿quién florece en la opinión
	de las armas de Aragón?
Zaratán	Sancho Aulaga es nuevo Cid.
Nuño (Aparte.)	(¡Ay, hijo de mis entrañas!)

Zaratán	Y es de suerte, que «el valiente» le llaman públicamente las gentes propias y extrañas; y a ser por su nacimiento más alto, fuera el mayor de Aragón.

Nuño (Aparte.)	(Vuestro valor
	anima, Sancho, mi intento.
	    Nuño Aulaga, vuestro padre,
	hijo, os viene a levantar
	hoy al cielo, y a vengar
	la afrenta de vuestra madre.)
	    ¿No es hijo ese Sancho Aulaga
	de un Nuño Aulaga, a quien muerte,
	al lado de Alfonso el fuerte,
	dieron los moros en Fraga?

Zaratán	Ése mismo.
Nuño	Y, ¿qué se ha hecho su madre?

Zaratán	Doña Teodora,
	madre de Sancho, hasta agora,
	por no haberse satisfecho
	    si su esposo es muerto o no,
	seglar vive en un convento,
	en cuyo recogimiento
	Nuño Aulaga la dejó
	    cuando a la guerra partía.

Nuño (Aparte.)	(¿Que aún vives, mujer infame? Querrá el cielo que derrame

tu sangre en venganza mía.)

(Sale Pedro Ruiz, de caza.)

Pedro (Aparte.)   (El divertirme atormenta
más el alma enamorada,
como la cuerda apartada
vuelve al arco más violenta.)
   Zaratán.

Zaratán   Señor.

Pedro   Rendido
de correr dejo el caballo.

Zaratán   Mientras voy a peseallo,
quedarás entretenido
  con este honrado romero,
que desde la Tierra Santa
mueve la devota planta
a ver al patrón lucero
  de Galicia; y yo me obligo
a que te ha de entretener,
porque es viejo sin toser,
y sin porfiar mendigo.

Pedro   Su aspecto da a su persona
clara recomendación.

(Vase Zaratán.)

Pedro   ¿De dónde sois?

Nuño   De Aragón

          el reino ilustre corona
          la ciudad que es patria mía.

Pedro   ¿Cuánto ha que a Jerusalén
          pasastes?

Nuño   Canas se ven
          donde juventud lucía
             cuando de aquí me ausenté.
          veintiocho inviernos han dado
          hielo al río y nieve al prado
          después que al Asia pasé.

Pedro   ¿Luego bien sabréis lo cierto
          de una dudosa opinión,
          que divulga en Aragón
          que está en el Asia encubierto
             el rey don Alonso, aquél
          que habrá esos años sitió
          a Fraga, y que se perdió
          en la batalla cruel
             que tuvo allí con el moro?
          Pues como no pareciese
          vivo, ni muerto pudiese
          hallarse, aunque un gran tesoro
             por él su reino ofreció,
          se dijo que despechado,
          corrido y avergonzado,
          ocultándose, pasó
             a Jerusalén; y es cierto
          si esto es verdad, pues ha tanto
          que estáis en el suelo santo,
          que no se os habrá encubierto.

Nuño
　Yo, señor Pedro Ruiz,
sé del caso la verdad,
porque con su majestad
me hallé en la guerra infeliz
　de Fraga; y si de sabella
os solicita el cuidado,
de esta corona el estado
me decid, en cambio de ella.
　Y no os canséis de que intente
alcanzar este favor,
que de la patria el amor
provoca naturalmente.

Pedro
　Daros ese gusto quiero;
que puesto que me cansara,
a mayor precio comprara
lo que escucharos espero.
　Perdido el rey don Alonso,
después de estar desconformes
los grandes, se coronó
su hermano, Ramiro el monje,
que a la sazón era obispo
de Barbastro; y por que estorbe
las discordias de Aragón
con dichosos sucesores,
dispensó, a instancia del reino,
el Pontífice, y casóse
con la hermosa doña Inés,
hermana de Guillén, Conde
de Potiers, viéndose junto
en solo un sujeto entonces
ser sacerdote y ser rey,
obispo, casado y monje.
Tuvo una hija heredera,

Petronilla, cuyas dotes,
siendo gloria de Aragón,
son admiración del orbe.
Diola, entre mil pretendientes,
por esposa a Ramón, Conde
de Barcelona, y cansado
del tumulto de la corte,
de las armas y los años,
el monje rey, retiróse
a la iglesia de San Pedro
que en Huesca ilustró, con orden
de que a su yerno obedezcan,
sabio, si valiente joven.
Murió Ramiro; y agora,
cuando esperanzas mayores
daba que Alejandro al mundo
Ramón, al pie de los montes
Alpes, pasando a Turín,
de la muerte el fiero golpe
dio, con el fin de su vida,
principio a mil disensiones;
que aunque a su hijo, el mayor
de tres que dejó varones,
la sucesión por derecho
de la corona le toque,
el ser niño y ser su madre
moza y hermosa, corrompe
los ánimos más leales
con diversas pretensiones;
que unos de ambición vencidos,
otros heridos de amores
de la reina, otros leales
a su heredero, se oponen
entre sí, y el reino todo,

partido en bandos discordes,
corre a su fatal ruina
si el cielo no le socorre.
Éste es, en suma, el estado
de Aragón; éste el desorden
que ya ambición y ya amor
engendra en los pechos nobles;
y, ojalá quisiera el cielo
que las nuevas que disponen
darme vuestros labios,
diesen fin a casos tan atroces,
viviendo el anciano Alfonso;
pues aunque su edad estorbe
del brazo los fuertes bríos,
trajera a la oscura noche
de Aragón Sol su prudencia,
su valor freno a los nobles,
sus canas respeto, y paz
su amor a estas disensiones.

Nuño (Aparte.)   (La Ocasión me da el cabello.
Comiencen mis invenciones;
que si solo por reinar
hay disculpa en ser traidores,
no es mucho que una corona
y una venganza os provoquen,
Nuño, a mayores engaños,
si los puede haber mayores.
La noticia de secretos
de Alfonso, y de sus facciones
la semejanza, que a muchos
ha engañado, y de los nobles
la división, y de Alfonso
la memoria, ya en los hombres

borrada del tiempo largo,
el efeto me disponen.
Ánimo, pues; que Fortuna
a los osados socorre.)
Gran Pedro Ruiz de Azagra,
si viviera y a la corte
de Aragón volviera Alfonso,
cuando divididos rompen,
a varios fines atentos,
la ley de lealtad los nobles,
no solamente recelo
que no hallara quien apoye
su parte, pero causara
más graves alteraciones.

Pedro   Engañáisos; que yo solo,
cuando en su defensa tome
las armas, basto a enfrenar
los ánimos más feroces;
y de mi padre heredé
de servirle obligaciones,
que sus mercedes publican
y mi pecho reconoce.

Nuño   Pues, Azagra, Alfonso vive.

Pedro   ¿Qué decís?

Nuño   Que España esconde
su persona; y si ese brazo
en su favor se dispone,
y me hacéis pleito homenaje
de cumplirlo, os diré dónde.

Pedro   Veis aquí mis manos. Hago,

(Pone las manos juntas Pedro Ruiz entre las de Nuño.)

                       como caballero noble,
                       pleito homenaje de ser,
                       si todo el mundo se opone,
                       vasallo leal de Alfonso,
                       y hacer que su reino cobre.

Nuño   Pues, Pedro, yo soy Alfonso.

Pedro   ¿Vos?

Nuño   Yo soy. Si mis facciones
                       no reconocéis, por ser vos,
                       Pedro Ruiz, tan joven,
                       que érades pequeño infante
                       cuando de estos horizontes
                       me ausenté, clara probanza
                       podéis hacer cuando importe;
                       que ancianos hombres tendrá
                       el reino que me conocen;
                       y por agora este sello
(Muéstralo.)   y esta sortija os informen,
                       testigos que he reservado
                       para tales ocasiones;
                       demás que el atrevimiento
                       de aspirar al regio nombre
                       es testimonio a quien ceden
                       las demás informaciones;
                       pues solo puede emprender,
                       con peligro tan enorme,
                       la locura o la verdad

tan altivas pretensiones.

Pedro   Ésa es la mayor probanza,
fuera de que los pintores,
que a las injurias del tiempo
y del olvido le oponen
en casi vivos retratos,
casi animados colores
me han informado de vos;
y aunque las canas lo estorben,
en lo demás son las señas
de vuestro rostro conformes;
y no me engañan del alma
los afectos y pasiones,
que alegres naturalmente,
por su rey os reconocen.
Dadme la mano.

(Arrodíllase. Sale Zaratán, al paño.)

Zaratán   ¿Qué miro?

Nuño   Mis brazos es bien que os honren,
pues de los vuestros espero
que en mi trono me coloquen.

Zaratán (Aparte.)   (¡Con qué respeto lo abraza!)

Nuño   Agora resta dar orden
de vencer dificultades
e impedir alteraciones.

Pedro   En mi tierra habéis de estar
en un castillo, de donde

las voluntades probéis,
conozcáis las intenciones
de los poderosos, antes
que entréis, señor, en la corte;
y dejad a cargo mío
lo demás.

Nuño   De vuestro nombre
ha de sonar la grandeza
desde el sur a los Triones.
Vos habéis de ser el rey.

Pedro   Permitidme, pues, que goce
de esta liberalidad;
y pues a quien se dispone
a perder por vos la vida
la podéis dar, no os enoje
que os pida aquí la palabra
de una merced, con que borre
de cuanto espero serviros
las justas obligaciones.

Nuño   Pedid, pedid, si podéis
pedir a quien reconoce
que debe lo que ha de daros
a esos brazos vencedores.

Pedro   Vuestra sobrina, señor,
Petronilla, cuyos soles,
cuanto con rayos abrasan,
ilustran con resplandores,
es un adorado Argel,
donde entre mil corazones
soy más que todos cautivo.

Bien sabéis que los señores
de Estela en España toda
superior no reconocen;
porque el servir a los reyes
de Aragón no los depone
de esta honrosa dignidad,
pues el seguir sus pendones
es voluntad, y no fuerza;
y siempre que la revoquen
y que su fuero renuncien,
gozarán sus exenciones.
Hacedme, pues, venturoso
con tan dichosa consorte,
pues con premiar mis servicios
remediaréis mis pasiones.

Nuño   Si con mi sobrina os diera
            la Europa toda por dote,
            hiciera acertado empleo
            en vos de prendas mayores.
            Por mi parte os doy palabra
            de que haré cuanto me toque
            para que la mano os dé.

Pedro   Y yo de que vuestro nombre
            dilataré con mis armas
            a los confines del orbe.

(Sale Zaratán.)

Zaratán   Ya el caballo ha descansado,
            y presurosa la noche,
            corona de negras sombras
            las cabezas de los montes.

Pedro	Tomad, señor, mi caballo; partamos a Estela.
Zaratán	¿Adónde?
Pedro	Y en el camino sabré vuestra historia.
Nuño (Aparte.)	(Pues dispones, Fortuna, con los osados ser pródiga de favores, la más alta hazaña emprendo que oyeron jamás los hombres. De vasallo subo a rey; favorece mis ficciones.)

(Vase Nuño.)

Zaratán	¡Oyan, oyan! ¿Sin hacer un cumplimiento, se pone en tu caballo, señor? Éste, ¿es santo? ¿Es sacerdote?
Pedro	Zaratán, no es sino el rey don Alonso; no te asombres.
Zaratán	Por Dios, que lo dije luego. Por adivino me azoten. ¿Mas que don Alonso es éste?
Pedro	Pues, ¿cómo no le conoces, si al momento lo dijiste?

Zaratán	Porque en su rostro y acciones,
	entre el sayal descubría
	los reales resplandores.
Pedro	Dame tu caballo.
Zaratán	Y yo,
	¿qué haré, señor, que de un golpe
	estoy como grulla en vela?
Pedro	Al fin de este espeso bosque
	está un lugar. Allí haré,
	Zaratán, que te acomoden.
Zaratán	¿Y de aquí allá cojear?
	Con las ancas me socorre
(Vase Pedro Ruiz.)	del caballo. A esotra puerta.
	Ya caminan. ¡Ah, inventores
	de la caza! ¿Esto es holgarse?
	¿Por qué condenan los hombres
	a galeras, si los pueden
	condenar a cazadores?

(Vase. Salen la Reina Petronilla y don Ramón.)

Reina	Por más, Conde don Ramón,
	que pretendiendo mi mano,
	disculpe el amor tirano
	vuestra justa pretensión,
	con causa me maravilla
	el ver vuestra poca fe.
	Si doña Rica, que fue
	emperatriz de Castilla,
	y por muerte de su esposo

don Alonso, a Zaragoza
vino viuda, hermosa y moza,
espera haceros dichoso
    dando efeto al casamiento
que con vos tiene tratado,
¿en qué razón ha fundado
la mudanza vuestro intento?
    ¿Qué dirá el reino de vos?
¿Qué dirá el mundo de mí,
si a Rica hacemos así
tan clara ofensa los dos?

Ramón   Petronilla, más hermosa
que el alba entre nieve y grana,
cuando siembra la mañana
de clavel, jazmin y rosa,
no condenéis rigurosa
a quien vive de amor preso.
Mi disculpa está en mi exceso,
y mi mérito en mi error;
que no es verdadero amor
el que no priva de seso.
    Si por las partes hermosas
que en vos mi pecho venera,
animoso no emprendiera
hazañas dificultosas,
¿qué obligaciones forzosas,
qué méritos alegara?
Si en lo que dirán repara
vuestro rigor, no mi amor;
que prenda de tal valor
nunca puede costar cara.

Reina   Esos fundamentos son

en vos, porque amáis, bastantes;
que da ley a los amantes
el amor, no la razón;
pero yo, que sin pasión
lo miro, es bien que resista
a tan injusta conquista,
pues no puede disculparse
el que deja despeñarse
de un ciego, teniendo vista.
    Hoy el reino y majestad
renunciar, Conde, pretendo
en mi hijo; y porque entiendo
que causa su tierna edad
discordias, acreditad
vuestro amoroso tormento,
dando favor a mi intento;
o pensaré que nació
de ambición del cetro, y no
de amor, vuestro pensamiento.

Ramón   Yo lo haré, si se mejora
con vos así mi partido;
mas no, si habiéndoos servido,
os he de perder, señora;
que mal puede el que os adora
en eso favoreceros,
si por solo retraeros
del reino queréis privaros,
y ha de ser el ayudaros
instrumento de perderos.

Reina   Basta; que no he menester
vuestro favor, don Ramón;
que a mí sola la razón

me basta para vencer.

Ramón
Tal vez suele no valer
sin las armas la justicia.

Reina
Advierta vuestra codicia
que, pues la razón me ayuda,
podrá más ella desnuda
que armada vuestra malicia.

(Vase.)

Ramón
    Mucho puede la ambición
apoderada en mi pecho;
pero mucho, a su despecho,
puede también la razón.
Si no hallo nueva ocasión
que mis intentos abone,
lo que la reina dispone
es forzoso consentir;
que solo no he de impedir
que el príncipe se corone.

(Sale el Conde de Urgel.)

Conde
    ¡Valeroso don Ramón!

Ramón
    ¡Famoso Conde de Urgel!

Conde
En la tempestad cruel
que hoy amenaza a Aragón,
  admira mi pensamiento
lo que de vos se publica,
y es que de la hermosa Rica

despreciáis el casamiento,
pretendiendo que la mano
os dé la reina. Ambición
contraria a vuestra opinión,
digna solo de un tirano.
    Don Ramón, su esposo, fue
vuestro tío; y es injusto
que a la razón venza el gusto,
y la ambición a la fe.
    Mejor será que, cumpliendo
lo concertado, os caséis
con la emperatriz, y deis
favor a lo que pretendo;
    pues con mi hijo casada
Petronilla, quedaría,
junta a su fuerza la mía,
la discordia refreriada.

Ramón
    De lo que decís colijo
que no tanto a esa intención
os obliga mi opinión
como el bien de vuestro hijo.
    Mas, ¿cómo, Conde de Urgel,
habiendo solicitado,
tan público enamorado,
vuestro hijo Berenguel
    a doña Teresa, hermana
del señor de Mompeller,
se muda, y quiere ofender
belleza tan soberana?

Conde
    Ésta es solo intención mía,
no suya; que es cosa clara
que él por Teresa trocara

del mundo la monarquía.

Ramón   Con esa razón no cesa
                 la culpa; que yo he sabido
                 que Berenguel ha servido
                 con gusto vuestro a Teresa.

Conde   Aunque yo estimé hasta aquí
                 también sus prendas hermosas,
                 la mudanza de las cosas
                 muda parecer en mí.

Ramón   Pues si os hace la mudanza
                 de las cosas que os mudéis,
                 y si a Teresa ofendéis
                 por mejorar la esperanza,
                     ¿por qué os causa admiración
                 que yo, que a la reina adoro
                 y mi grandeza mejoro,
                 mude también intención?

Conde   La diferencia colijo
                 fácilmente que os advierto;
                 que vos faltáis a un concierto,
                 y a una pretensión mi hijo.
                     Vos ofendéis a Ramón,
                 vuestro tío; y Berenguel
                 no puede llamarse infiel
                 por tan justa pretensión.

Ramón   Antes de eso mismo arguyo
                 mi justicia, porque, ¿quién
                 puede suceder más bien
                 a Ramón que un deudo suyo?

Si mi fe no corresponde
a lo que tratado había,
eso está por cuenta mía,
que no por la vuestra, Conde.
    Y en resolución, ya veo
mi pretensión declarada,
y ha de conseguir la espada
lo que ha emprendido el deseo.

Conde   Pienso que estáis satisfecho
de lo que puede la mía,
y que está esta nieve fría
en mi rostro, y no en mi pecho.

Ramón   Yo os lo confieso y os digo
que no me pesa; que quiero,
ya que desnude el acero,
vencer valiente enemigo.

Conde   Pues juntad los escuadrones
que os puede dar la Proenza;
que el Conde de Urgel comienza
hoy a tremolar pendones.

Ramón   Urgel y Aragón empiece,
y el mundo, a armarse también;
que la guerra dirá quién
de Petronilla merece
    la soberana beldad.

Conde   Sí dirá; y a Dios pluguiera
que en venceros estuviera
el vencer su voluntad.

(Vanse. Salen Teresa e Inés.)

Teresa   Dejadme de combatir,
olas de mis pensamientos;
que a tormentas de tormentos,
¿qué fuerza ha de resistir?
   Pretende don Berenguel
ser mi esposo; no le quiero.
Estáme bien; que heredero
es del condado de Urgel.
   En mi amor vive abrasado
Sancho Aulaga; no es mi igual.
Yo le adoro; estáme mal;
que aunque el ser tan gran soldado
   le da justa estimación,
le falta la calidad.
¿Qué habéis de hacer, voluntad,
entre amor y obligación?

Inés   Señora, los nobles pechos
a quien obliga el honor,
han de mostrar su valor
en los difíciles hechos.
   De Berenguel la afición
sola merece tu mano.
Vence ese antojo liviano,
que ha de dañar tu opinión.

Teresa   No me atormentes.

Inés   Teresa,
lo que te importa te digo.
(Aparte.)   (Por tus dádivas me obligo
a tan difícil empresa,

don Berenguel; y a tu intento
la has de ver al fin rendida,
aunque me cueste la vida
tan justo agradecimiento.)

(Sale Sancho Aulaga.)

Sancho   Dulce enemiga mía,
más que cruel, hermosa,
emulación dichosa
del claro autor del día,
en cuya gran belleza
a sí misma venció naturaleza.
     ¿Es el ser inhumana
condición de divina?
¿Qué espíritu encamina
un alma tan tirana,
que igualmente procura
ser monstro de crueldad y de hermosura?
     Adorar tu belleza,
¿es delito contigo?
Teresa, ¿qué castigo
previene tu dureza
a quien te aborreciere,
si le da tan cruel a quien te quiere?
     De tus amantes quiero,
no los de ti contados,
mas de los olvidados,
contarme yo el postrero.
No te pese que sobre
entre el oro bermejo el pardo cobre.

Teresa   Sancho, las ocasiones
y causas diferentes,

según los accidentes
producen las acciones.
No siempre la esquiveza
nace de ingratitud y de dureza;
   no siempre rinde fruto
el árbol cultivado,
ni siempre al mar hinchado
la fuente igual tributo,
por varios accidentes,
sin ser ingratos árboles ni fuentes.
   ¿Por qué me consideras
de tu amor ofendida,
si no arroja, perdida,
en las fieras más fieras
una flecha el dios ciego,
si el más duro metal ablanda el fuego?
   De mi rigor aplica
a otra causa el efeto,
puesto que en un sujeto
contradicción no implica
tener correspondencia
y hacer a los intentos resistencia.

Sancho   Si méritos procura
iguales tu persona,
Teresa, no hay corona
digna de tu hermosura;
si amarte ha de vencerte,
no tira flecha Amor que no me acierte.
   Mas pues que ya te he oído
que a agradecer te obligas,
favor es que lo digas;
y aunque lo hayas fingido,
agradezco el engaño;

que es señal de desprecio el desengaño.
  Con esto, ángel que adoro,
queda mi amor pagado.

Teresa

¡Qué humilde enamorado!

Sancho

¡Qué debido decoro
a tu merecimiento!
Solo con que me engañes me contento.

Teresa

  ¡Qué cuerdamente obligas!

Sancho

¡Qué dulcemente matas!

Teresa

¿De engañosa me tratas?
Bien mi rigor castigas.

Sancho

Tan alta te imagino,
que pienso que aun de engaños no soy dino.

Teresa

  Bien dices lo que sientes.

Sancho

Bien siento lo que digo.

Teresa (Aparte.)

(¡Ay, que luchan conmigo
impulsos diferentes
y en poner se desvela
freno el honor, donde el amor espuela!)
  Mas ya, Sancho, pregona
en palacio el ruido
que el reino, prevenido
a darle la corona
al príncipe, se altera;
y yo soy de la reina camarera.

| | Adiós; que acompañalla |
| | es fuerza. |

Sancho
          Y lo es seguiros
con ansias y suspiros.

Teresa (Aparte.)
    (¡Triste de quien se halla
puesto al cuello el cuchillo,
y ni puede quejarse ni sufrillo!)

(Vanse Teresa e Inés.)

Sancho
       Mi sangre, no tan clara
como la tuya, creo
que enfrena tu deseo.
Hidalgo soy. Repara
que aunque soy escudero,
tengo valor con que ilustrarme espero.
    Sancho Aulaga el valiente
me apellida la fama;
mi madre es noble rama,
de Laras descendiente;
mi padre, Nuño Aulaga,
murió al lado de Alfonso en lo de Fraga.
    ¿Quién, pues, fueron autores
de las casas que hoy mira
el Sol en cuanto gira
llenas de resplandores,
sino los claros hechos
de sus primeros valerosos pechos?

(Salen la Reina, Berenguel, el Conde de Urgel, Bermudo, don Ramón, el señor de Mompeller, el Príncipe niño, Teresa, teniendo la falda a la Reina,

Inés, y acompañamiento. Siéntanse en el trono la Reina a la derecha, y el Príncipe a la izquierda. Habla Berenguel aparte Inés.)

Berenguel   Inés, en tu confianza
                   vive solo mi afición.

Inés   Cumpliré mi obligación,
                   y lograrás tu esperanza,
                       aunque me cueste la vida.

Berenguel   A mí me la das con eso.

Inés   Obligada me confieso,
                   y he de ser agradecida.

Reina   Caballeros de Aragón,
                   gloria y honor de la Europa,
                   cuya fama atemoriza
                   las regiones más remotas;
                   hoy la majestad renuncio,
                   porque a la quietud importa
                   del reino, en mi hijo Alfonso,
                   sucesor de esta corona.
                   Pues que la sangre os obliga
                   y la lealtad os exhorta,
                   mostradlo en ser de mi parte
                   en una acción tan heroica.
                   Por ser Alfonso tan niño,
                   nadie a mi intento se oponga;
                   que al fin es varón, y rige
                   mejor el cetro la sombra
                   de un varón que una mujer;
                   cuanto más, que el reino goza
                   de consejeros prudentes

que asistan a su persona.

Conde

La corona sí y el reino
podéis renunciar, señora;
mas no el gobierno, que a mí
por tantas causas me toca.

Ramón

Si alguno ha de gobernar,
¿quién habrá que se me oponga,
pues el ser quien soy y el ser
primo de Alfonso me abona?

Bermudo

¿Qué litigáis, si en Bermudo
el gobierno se mejora,
pues del difunto Ramón,
fui yo la privanza toda,
y los negocios traté
del reino, a quien más importa
quien sepa ya las materias,
que quien las aprenda agora?

Mompeller

Lo que propone mi padre
defenderá mi persona.
Señor soy de Mompeller,
y harán mis armas notoria
su justicia.

Ramón

Ya las mías
sus estandartes arbolan.

Bermudo

El valor dará el derecho,
y el gobierno la vitoria.

Reina

¿Qué gastáis en disensiones

el tiempo, si a mí me toca
el gobierno, pues de Alfonso
soy legítima tutora?

Príncipe   Esto es justicia. Ninguno
se atreva a mover discordias
por ser mi madre mujer
y por ser mi edad tan poca;
que soy el rey, y por vida
de la reina, mi señora,
que la cabeza a los pies
a quien replique le ponga.

Conde   Sois niño, Alfonso.

Ramón   Las fuerzas
vuestras son, príncipe, cortas
para cortar mi cabeza.

Berenguel   Vos ignoráis, mas no ignora
las hazañas de Bermudo
la fama que las pregona.

Sancho (Aparte.) (¡Ah! ¡No fuera igual mi estado
con el valor que me informa,
para poder responder
a tanta arrogancia loca!)

Príncipe   Niño soy; mas de mi padre
soy una animada copia,
y para empresas mayores
valor y fuerzas me sobran.

Sancho (Aparte.) (Eso sí. Mostrad, Alfonso,

la majestad española;
poned las palabras vos,
y remitidme las obras.)

(Sale Pedro Ruiz.)

Pedro   Reina, príncipe, damas, caballeros,
soldados, cortesanos, ciudad, plebe,
la nueva más feliz vengo a traeros
de cuantas Aragón al tiempo debe.
Sosegad los espíritus guerreros;
que el cielo ya, que a compasión se mueve
de la discordia que de paz os priva,
por mí os presenta el ramo de la oliva.

El rey Alfonso el bueno, el sabio, el fuerte,
de quien en Fraga el reino agradecido
triste lloró la mentirosa muerte
—pues no fue muerto allí, si fue perdido—
es hoy por la piedad de nuestra suerte
al suelo de Aragón restituido;
Sol, que a la noche de discordias tales,
de paz induce rayos celestiales.

Yo le vi por mis ojos, yo la mano
le besé; y aunque a mí no me he creído,
por ser tan mozo, de uno y otro anciano
de nuestra patria es ya reconocido.
Oculto tanto tiempo en el asiano
imperio estuvo, sin razón corrido
de lo de Fraga, sin mirar que parte
con la Fortuna las vitorias Marte.

Pero de haber por sí determinado
contra el voto del reino aquella empresa
y ser vencido, estando acostumbrado
a veinte y seis vitorias, se confiesa

corrido tanto el rey, que despechado,
hasta el imperio cuyas plantas besa
el undoso Jordán corrió tan solo,
que aun a los ojos se negó de Apolo.
   Él, pues, ha vuelto, si decirse puede
que ha vuelto aquél que Dios nos ha traído;
aquél por quien el cielo le concede
concordia al reino, en bandos dividido.
Y, pues él vivo no es razón que herede
su alteza el cetro, no ha de ser ungido
rey; a besar de Alfonso las reales
manos venid los que le sois leales.

Reina   ¿Qué nueva disensión, qué nueva guerra,
con máscara de paz y justo celo,
movéis, Azagra, y alteráis la tierra,
para irritar la indignación del cielo?
¿Alfonso vive? ¿Alfonso, a quien encierra,
muerto a lanzadas, el morisco suelo?
¿No lo dijeron lenguas, cuyos ojos
vieron triunfar la muerte en sus despojos?
   Si no se halló el cadáver, ¿no fue cierto
que lo causó la copia inumerable
del escuadrón en la batalla muerto,
tragedia por mil siglos miserable?
¿Por qué, pues, en favor del vulgo incierto
acreditáis engaño tan culpable,
y por vengar un sentimiento vano,
a un traidor no dudáis besar la mano?

(Vase Pedro Ruiz.)   Pero no importa, no; el príncipe tiene
nobles amigos, deudos y aliados,
cuyo poder, cuyo valor enfrene
soberbios pechos, cuellos no domados.
¡Ea, Conde don Ramón, no os enajene

de imitar vuestros ínclitos pasados
de una venganza vil la ciega furia!
¡De Alfonso primo sois, vuestra es la injuria!

Ramón

    Petronilla, viviendo vuestro tío,
que, pues lo afirma Azagra, es caso llano,
suyo es el reino, y no es agravio mío
besar a un rey legítimo la mano.

(Vase.)

Reina

Noble Conde de Urgel, de vos confío,
y de don Berenguel, que al vil tirano
castiguéis este engaño con la muerte.

Conde

De esta corona es dueño Alfonso el fuerte;
    yo soy su amigo, y tiene averiguado
que vive, Azagra, principal testigo;
y vos no me tenéis tan obligado,
que me oponga por vos a tal amigo.

(Vase.)

Berenguel

A hacer lo que mi padre soy forzado.
Perdonadme, señora, si le sigo.

(Vase.)

Reina

En vos, Bermudo, pongo mi esperanza.

Bermudo

Y fui del fuerte Alfonso la privanza;
    si, como afirma Azagra, y yo no dudo,
no es muerto, ya veréis a qué me obliga.

(Vase.)

Reina   ¡Señor de Mompeller!

Mompeller   A don Bermudo,
          que el ser me dio, señora, es ley que siga.

(Vase, y síguele el acompañamiento.)

Teresa   ¡Padre, hermano, escuchadme!

Reina   ¿Tanto pudo
          tan clara falsedad, suerte enemiga,
          que quieran más los nobles a un tirano
          que a un legítimo rey besar la mano?
             Vos solo, Sancho Aulaga, habéis quedado;
          ya solo en vos se funda mi esperanza,
          y bien me puede dar tan gran soldado
          del vitorioso efeto confianza.

Sancho   Si los nobles del reino os han faltado,
          si os aflige, señora, su mudanza,
          a mí me alegra; que mostrarles quiero
          que os basta sin los suyos este acero.
             Nombradme general, y suene Marte
          el ronco parche y el clarín bastardo;
          que presto adorará vuestro estandarte
          el contrario más fuerte y más gallardo.

Reina   Un bastón me traed.

Teresa   Yo quiero darte,
          si vuelves vitorioso, como aguardo,
          de que tuya seré palabra y mano,

aunque pese a mi padre y a mi hermano.

Sancho   Con dicha igual, del alba al occidente,
                es la conquista fácil a mi acero.

Reina   El bastón recibid, Juntad mi gente,
(Dásele.)   y partid; que triunfante ya os espero.

(Vase.)

Príncipe   Abrazadme y partid, Sancho el valiente.

Sancho   Besar humilde vuestras plantas quiero.
                Prospere el cielo esa real persona.

Príncipe   De vuestra mano espero la corona.

(Vase.)

Teresa   Sancho, el vencerme está en esta vitoria.

Sancho   Y el vencer en vencer vuestra esquiveza.

Teresa   Adiós.

Sancho   Dadme una prenda, cuya gloria
                me dé valor y aumente fortaleza.

Teresa   De mi palabra os doy esta memoria.

(Dale una banda.)

Sancho   Con tal favor traeros la cabeza
                prometo del fingido rey tirano,

(Señala la mano izquíerda y la derecha.)

en ésta, antes de daros esta mano.

Fin de la primera jornada

Jornada segunda

(Salen Nuño y Zaratán.)

Nuño   ¿Que viene por general
Sancho Aulaga contra mí?

Zaratán   La fama lo cuenta así.

Nuño (Aparte.)   (¿Quién vio confusión igual?
      ¿Mi hijo es contrario mío?
A solas me importa hablarle;
que para desengañarle
aun de él mismo no me fío.)

Zaratán   Dicen que a la reina bella
tu cabeza prometió,
y a no defenderte yo,
no diera un cuatrín por ella;
      fuera de que, a persuasión
de mi dueño, a que los mandes
vienen del reino los grandes
todos a tu devoción,
      y obligados se confiesan
tanto como agradecidos,
pues los bandos encendidos
con haberte hallado cesan;
      que para hacerse cruel
guerra, juntaban sus gentes
ya los dos condes valientes
de la Proenza y de Urgel.
      Con estas nuevas, señor,
Pedro de Azagra me envía
a hacer la ventura mía

con tus albricias mayor.

Nuño

    Yo te las prometo dar
tan cumplidas, si me veo
como en mi reino deseo,
que a todos des qué envidiar;
    que agora bien podrás ver
cuán pobre estoy.

Zaratán

              ¡Triste yo,
¿No sabes cómo pintó
cierto Apeles al poder?

Nuño

    ¿Cómo?

Zaratán

    Pintólo poniendo
sobre una rueda, cercado
de gente, un rey coronado,
y luego escribió, queriendo
    la gran distancia argüir
que hay del decir al hacer,
en la boca, prometer
y en el celebro, cumplir.

Nuño

    No puede faltar un rey
a su palabra.

Zaratán

    A lo menos
debes mirar que en los buenos,
señor, la palabra es ley;
    y en diciendo un «yo lo haré»
aun entre gente que sea
muy común, es cosa fea
faltar la palabra y fe.

Mas ya también ha llegado
mi señor; que era mi posta
tan lerda, larga y angosta,
que por más que he procurado
picar, fue vano trabajo,
porque mis pies no la hallaban,
y uno a otro se picaban
mis talones por debajo.

(Salen Pedro Ruiz, el Conde de Urgel, Bermudo, don Ramón, y el señor de Mompeller, todos de camino.)

Pedro   Deme vuestra majestad
la mano.

Nuño   Tan bien llegado
seáis como deseado
habéis sido. ¡Levantad!

Conde   En fe de lo que escuché
a Pedro Ruiz, creí
que sois Alfonso, y ya en mí
es evidencia la fe.
El Conde de Urgel, señor,
que os conoció, os reconoce.

Bermudo   El cielo quiere que goce
otra vez de vuestro amor,
Bermudo, vuestro privado,
que agradecido y leal,
tuvo de ese original
vivo en el alma el traslado.

Ramón   Don Ramón, señor, el Conde

de la Proenza, a pediros
llega los pies; que en serviros
a su sangre corresponde.

Nuño

¡Levantad, Conde de Urgel!
¡Don Bermudo, Conde, alzad!

Conde

La mano también le dad,
señor, a don Berenguel,
   mi hijo.

Bermudo

      También la besa
el señor de Mompeller,
vuestro vasallo, que ser
mi sangre en esto confiesa.

Nuño

A todos mis brazos doy
con el alma, caballeros;
que me alegra tanto el veros
cuanto obligado os estoy.
   ¿Cómo queda mi sobrina?

Pedro

Con salud, señor, y hermosa;
mas contra vos rigurosa
de suerte, que ya camina
   con un lucido escuadrón
su general Sancho Aulaga.

Nuño

No perdí el valor en Fraga,
aunque perdí la opinión.

Bermudo

   Constante está en que perdistes
la vida allí.

Nuño   Si a vencella
            no sois bastantes con ella
            los que ya me conocistes,
                de mi verdad mis hazañas
            testimonio le darán.

Bermudo   Yo pienso que dejarán
            las gentes propias y extrañas
                las armas, si la opinión
            llega, señor, a su oído
            de que os han reconocido
            los que respeta Aragón.

Nuño   Con ese fin es mi intento
            a Sancho Aulaga escribir;
            que quisiera no venir,
            si es posible, a rompimiento;
                que son al fin mis vasallos
            los que tengo de vencer
            y todos habéis de hacer
            lo mismo, para obligallos
                a reducirse, escribiendo
            a los hombres principales
            y a todos los oficiales
            del campo; pues en sabiendo
                que me habéis reconocido,
            con tan clara información
            luego de todo Aragón
            he de ser obedecido.

Bermudo   Es sin duda.

Nuño   Pues entrad
            a descansar y escribir;

que importa, para impedir
los daños, la brevedad.

Bermudo   Obedeceros es ley.

Pedro   Vamos, pues.

Ramón   Cuando no hubiera
otra probanza, creyera
por su piedad que es el rey.

Bermudo   Y en la majestad así
lo muestra.

Mompeller   Forzoso es dar
luz el Sol.

Bermudo   No hay que dudar;
conózcolo como a mí.

Nuño   Id, Zaratán, mientras hago
el despacho, a descansar;
que vos lo habéis de llevar.

Zaratán   Bien de contado te pago
de tu promesa el escote.
¡Plega a Dios que por bien sea,
y que al cumplillo, no lea
el rétulo del cogote!

(Vanse. Sale Sancho, abriendo un pliego y soldados.)

Sancho   ¡Hagan alto!

Soldados	¡Hagan alto!
	¡Pase la palabra!
Sancho	Amigos,

cerca están los enemigos.
Descansad; no cojan falto
   de fuerza nuestro escuadrón,
fatigado de marchar,
en que estriba el acabar
las discordias de Aragón.

(Lee cartas.)   Ésta es de doña Teresa.
¡Ah, cielo! ¿Que merecí
que se acordase de mí?
Con tanto favor, ¿qué empresa
   no acabaré, satisfecho
de mi venturosa suerte,
llevando contra la muerte
este papel en mi pecho?

(Lee.)   «La Reina mi señora me mandó que
os escribiese ratificando mi promesa,
y os aseguro que me leyó el corazón
de suerte, que en lo contrario no la
obedeciera. No es mi intento agraviar
vuestro valor con animaros, sino
lisonjear vuestra ausencia con
escribiros; si bien, como el deseo
duda lo más seguro, el mío de efectuar
el concierto es tanto, que llega a
injuriar vuestro esfuerzo, temiendo
que no cumpláis la condición, pues ya
no cuido más, por el bien de la reina
mi señora, de ver la cabeza de nuestro
enemigo en vuestras manos, que por

daros la mía. Doña Teresa.»

 ¡Oh, letras, que del pincel
de un ángel fuistes formadas!
¡Vivid, vivid trasladadas
al corazón, del papel!
 La condición cumpliré;
la cabeza del tirano,
mi bien, te dará mi mano,
o la tuya perderé.

(Lee.)   «Hijo, la importancia de la facción que
os han encargado no es para fiarla solo
del poder humano; y aunque ni yo entiendo,
ni Dios quiera que sea menester advertiros
que recurráis al divino, el amor me obliga
a hacerlo y animaros con que sepáis que en
este convento no cesarán las rogativas
mientras no cesare la guerra. Dios os traiga
vencedor.» Vuestra madre, Doña Teodora de Lara.

(Sale Zaratán, con botas y espuelas.)

Zaratán   Gran general, celebrado
en cuanto alumbra el lucero,
por indigno mensajero
vengo del resucitado.
 Este pliego es para ti.

Sancho   ¿Hasle visto?

Zaratán   Cuando vino
en traje de peregrino,
fui el primero que le vi.

Sancho	Y, ¿qué te parece?
Zaratán	Nada.
Sancho	No temas, dilo.

Zaratán	Que admira
	su presencia, y si es mentira,
	está, por Dios, bien trovada.
	  Ya los grandes de Aragón
	le han reconocido, y creo
	que te escriben con deseo
	de que mudes intención,
	  o a lo menos de que hablarte
	dejes de Alfonso, primero
	que en la batalla el acero
	ensangriente airado Marte.

Sancho	¿A un traidor, necio, te atreves a nombrar Alfonso aquí? Si para nombrarlo así otra vez los labios mueves —¡vive Dios— que en un madero te haga poner por traidor, sin que estorben mi rigor las leyes de mensajero!
Zaratán	¡Mal haya mi boca, amén, que tal dijo! ¿Por ventura quien lo nombra así asegura que es rey de Aragón también?
Sancho	¿Que quiere el traidor hablarme?

Sin duda engañarme entiende
a mí también, o pretende
con mercedes obligarme.
    Pues aunque es notorio error
no negarles al encanto
los oídos, fío tanto
de mi lealtad y valor,
    que no solo le he de oír,
mas disuadirle su engaño;
que también pretendo el daño
de la batalla impedir,
    al reino todo molesta.
A leer y responder voy;
que al punto has de volver,
Zaratán, con la respuesta.

Zaratán	Pues hablarle determinas,

escribirle es excusado;
que él, por verte, acelerado
pisa las tierras vecinas.

(Vase Sancho.)

Zaratán   ¡Qué cerca del sacrificio
me he visto! ¿Aulaga sois vos?
Diablo sois. Líbreme Dios
de un ruin puesto en oficio.
    Juntó cortes el león,
estando enfermo una vez,
para elegir un juez
a quien la jurisdicción
    de sus reinos encargase.
Los animales, atento
a que es tan manso el jumento,
a que es tan manso el jumento,

pidieron que él gobernase.
   Tomó, al fin, la posesión;
y por darle autoridad,
junto con la potestad,
sus uñas le dio el león.
   Parabién le vino a dar
luego con grande alegría
un rocín, que ser solía
su amigo; y él, por usar
   del poder, dos uñaradas
le dio al amigo inocente;
y viéndose injustamente
las carnes acribilladas,
   dijo llorando el rocín:
«No tienes tú culpa, no,
sino quien uñas le dio
a un animal tan ruin.»
   El león, airado y fiero,
le quitó con el oficio
las uñas, y al ejercicio
le hizo volver de arriero.
   Pues, hombre que oficio empuñas,
sabe templado ejercerlo,
pues a tantos, por no hacerlo,
has visto quitar las uñas.

(Vanse. Salen el Conde de Urgel, Bermudo, Pedro Ruiz, Berenguel, don
Ramón, el señor de Mompeller y Nuño, en cuerpo, con bastón.)

Conde   Señor, de mi parecer,
                    pues se acerca temerario
                    y presuroso el contrario
                    es acierto recoger
                       vuestro campo a ese castillo,

cuyo fuerte es tan seguro.
Gaste su fuerza en el muro,
y cánsese en combatillo.

Bermudo   El mismo consejo sigo.

Pedro   Otra sentencia es la mía,
porque es mostrar cobardía
y animar al enemigo.

Ramón   Prosigue en marchar, señor;
que pues él viene a buscarte,
el buscarlo tú ha de darte
a ti opinión y a él temor.

Nuño   Yo estoy cierto, caballeros,
de que en llegándome a ver
con Sancho, le he de vencer
sin desnudar los aceros;
fuera de que la probanza
que en vuestras cartas verá
el ejército, me da
esa misma confianza:
y así, no quiero mostrar
cobardía en retirarme;
que hacerlo, fuera indiciarme
de culpado, y esforzar
su mal fundada opinión.
Buscarle es mejor intento,
pues es el atrevimiento
tan hijo de la razón.

(Sale Zaratán, con un pliego.)

Zaratán	¡Gracias a Dios que me veo
	de tu grandeza amparado!
	Y agradece este cuidado
	más al temor que al deseo.

(Da cartas al Conde de Urgel, Bermudo y don Ramón, y ellos leen.)

Aulaga responde en éstas
a los tres; de los demás
oficiales, Barrabás
aguardara las respuestas;
  que en sabiendo vuestro intento
el general, imagino
que el mensajero en un pino
fuera lisonja del viento.
  A ti no escribe, señor;
que, como pides, a hablarte
se allana, por obligarte,
a desistir de tu error.

(Lee.)

Bermudo	«Yo sirvo como leal
	a quien me ha dado el bastón,
	y a quien sé que de Aragón
	es señora natural.
	Sancho Aulaga.» Esto es, en suma,
	lo que me responde aquí.
Conde	Lo mismo me escribe a mí.
Ramón	Y aquí trasladó la pluma
	también las mismas razones.

Nuño	A reducirle me obligo
	en llegando a hablar conmigo.
	Pero ya de sus pendones
	se forma una selva inquieta
	en el collado vecino.

Pedro   Y de su campo imagino
que a hablarte viene un trompeta.

(Sale un Trompeta.)

Trompeta   ¿Quién es aquí el que se llama
Alfonso, rey de Aragón?

Pedro   ¿No lo publica el bastón,
cuando lo calle la fama?

Trompeta   Sancho Aulaga, el general,
dice que un puesto señales,
donde entre los dos reales,
solos, en distancia igual
os podáis los dos hablar.

Nuño   A la orilla de esa fuente
que de cristal transparente
tributaria corre al mar,
decid que solo le espero.
Al cuerpo del escuadrón
os retirad.

Pedro   Aragón
con esto envaina el acero.

(Vanse los señores y el Trompeta.)

Zaratán	¡Plega a Dios! Que es el vivir
	linda joya, y barbarismo
	buscarse un hombre a sí mismo
	aderezos de morir;
	que sin la guerra hay contrarios
	para quien morir desea,
	pues hay melón y lamprea,
	mujeres y boticarios.

(Vase.)

Nuño	Ya viene Sancho. Deseo
	que reste en ventura igual,
	pues le veo general,
	y rey de Aragón me veo;
	y aunque venga a ver perdido
	el bien que llego a tener,
	no puedo al menos perder
	el bien de haberlo tenido.

(Sale Sancho Aulaga, en cuerpo, con bastón.)

Sancho	Guárdete Dios; que aunque seas
	fingido rey, en efeto,
	para hablarte con respeto,
	basta que el nombre poseas.
	Esto supuesto, y que fío
	que ni podrás engañarme,
	ni con dones obligarme
	a que del intento mío
	desista, te vengo a oír.
	Abrevia, pues; que a su Alteza
	le prometí tu cabeza,

y hoy lo pretendo cumplir.

Nuño   Engañado, Sancho, estás;
que a ti con desengañarte,
espero más obligarte
que engañando a los demás.
    ¡Ay, Sancho! ¡Quién no tuviera
de los campos enemigos
tantos ojos por testigos,
porque abrazarte pudiera
    mil veces, hasta que el pecho,
de la sed y la impaciencia
de tan dilatada ausencia,
llegase a estar satisfecho!
    No soy el rey, Sancho, no;
tu padre sí, Nuño Aulaga,
que en la batalla de Fraga
lloraste muerto, soy yo.

Sancho   ¿Qué? ¿Qué dices?

Nuño   No te alteres.
Mis casos, y la ocasión
escucha de mi intención.

Sancho   Sin duda engañarme quieres
    con el mismo desengaño.
¿Tú mi padre? ¿Mi valor
pudo engendrar un traidor
a su rey?

Nuño   ¡Qué ciego engaño!
    Si es lícito por reinar
ser traidor, ¿quién lo emprendiera

sino el que un hijo pudiera
de tal valor engendrar?
    Por lo que te importa a ti,
atención solo te pido,
y después de haberme oído,
haz lo que quisieres.

Sancho   Di.

Nuño   Doña Teodora de Lara,
si muy noble, bella mucho,
cautivó mis pensamientos
en mis juveniles lustros.
Cegóme el amor de suerte,
que no reparara el gusto
en los públicos defetos,
cuanto más en los ocultos.
No la igualaba mi sangre;
que aunque de hidalgo presumo,
dista un hidalgo escudero
de un hidalgo señor, mucho,
y ella era sangre de Laras;
pero mi riqueza supo
y mi industria conformar
con mis intentos los suyos.
Diome, al fin, la blanca mano;
y cuando el silencio oscuro
de la noche de mis bodas
envidiar mis dichas pudo,
a lastimarse empezó
de que cayese en un punto
desde las glorias de un cielo
a un infierno de disgustos,
pues conocí... ¡Qué vergüenza!

63

Aunque decirlo rehúso,
por ser importante al caso
a mi pesar lo descubro.
Conocí, al fin, en Teodora
de su honor perdido el hurto,
y que no era yo el primero
que amor en sus brazos puso.
¡Qué venganzas impacientes,
qué reportados discursos,
júzgalo tú, me tendrían
ya resuelto, ya confuso!
Al fin, por no publicar
mis afrentas, disimulo,
poniéndome el honor mismo
espuela y freno en un punto.
No por esto a perdonar,
sí a dilatar, me reduzgo
para mejor ocasión
la venganza que procuro.
El receloso cuidado
los ojos de Argos me puso,
aunque para ver mi ofensa
menester no fueron muchos.
Pues aun no el curioso examen
empecé, cuando descubro
que antes de darme la mano,
gozó de su amor el fruto
ése, que del rey privado
era entonces, don Bermudo,
padre del de Mompeller.
Vine al fin a hallarlos juntos
dentro de mi propia casa;
y aunque no en el acto injusto,
por los amores pasados

la presente ofensa juzgo;
y así, desnudé la espada
celoso; pero no pudo
la razón contra el poder,
contra muchos brazos uno.
Libróse al fin, y libróla,
y en un convento la puso.
Yo, que con el alboroto
vi publicarse en el vulgo
mi afrenta, pues aunque allí
no cometiese Bermudo
adulterio, la opinión
es del honor el verdugo;
como de su gran poder,
y el poco que tengo, arguyo
imposible la venganza,
cuanto despechado mudo,
a servir a Alfonso el fuerte
partí a la guerra que tuvo
en Fraga, sangrienta causa
de sus funerales lutos;
pues cuando se vio cercado,
con pocos hombres, de muchos,
las armas y sobrevista,
por pelear más seguro,
trocó su alteza conmigo;
mas no por esto al membrudo
brazo de un valiente moro
dejó de quedar difunto.
Yo, que rendido le veo,
en vano al socorro acudo;
y así le dieron mis brazos,
en vez de ayuda, sepulcro.
La real sortija y sello

le quité, y el golpe duro
de la muerte en un pegaso,
cuyos pies son alas, huyo;
que de esto y llevar sus armas,
su sobrevista y escudo,
y ser en el rostro y talle
un vivo traslado suyo
nació la opinión que aun hoy
afirma que no es difunto.
Yo, pues, aunque entonces
ya la nueva a la fama escucho
que tú, de quien a Teodora
dejé preñada, del mundo
la luz hermosa gozabas,
remotas regiones busco;
que me desterró mi afrenta,
más que tu amor me detuvo.
Al Asia paso, y el nombre
junto con la tierra mudo;
todo por trazar mejor
la venganza que procuro;
y agora, que de los años
me asegura el largo curso
el efeto de este intento,
y que del esfuerzo tuyo
las nuevas determinaron
mis vengativos impulsos;
viendo en mí de Alfonso el fuerte
tan verdadero trasunto,
que a cuantos le conocieron
engañar mil veces pudo,
vuelvo a Aragón a emprender
el engaño que ejecuto,
cuyo buen fin la Fortuna

con discordias me dispuso.
Los más grandes de este reino
lo han creído ya, y por puntos,
cuantos lugares visito,
a mi obediencia reduzgo.
Hijo, lo más está hecho;
el provecho, Sancho, es tuyo.
A honrarte y vengarme aspiro;
poderoso es don Bermudo;
menos que por este medio
mi venganza no aseguro.
Tu amor y mi agravio han sido
de mi lealtad los verdugos;
mas mira si te es forzoso
ayudarlos, pues el uno
me obliga a justa venganza,
y soy tu padre, y te cupo
tanta parte de mi afrenta;
y por el otro procuro
acrecentarte hasta verte
rey de Aragón y del mundo.

(Apartándose Sancho de Nuño.)

Sancho (Aparte.)   (¡Válgame Dios! ¿Es posible
que no es sueño lo que escucho?
¿Es verdad, sagrados cielos,
que es éste mi padre Nuño?
Mas, ¡ay de mí!, siendo yo
tan desdichado, ¿qué dudo?
¿Cómo desventuras tales
en mi suerte dificulto?
¿A quién la Fortuna airada,
sino a Sancho Aulaga, pudo

combatir con tantos vientos,
tan contrarios y confusos?
«Mi padre, su agravio, un reino»,
dicen bramando los unos;
«Mi palabra, mi lealtad,
mi obligación», los segundos.
Mi amor, que adoro a Teresa;
y mi honor, que el padre suyo
me pague de mi opinión,
muriendo, el agravio injusto.
Amor, que ya está el agravio
con el largo tiempo oculto,
y honor, que borrar la afrenta
sola la venganza pudo.
Temo que descubra el tiempo
que es éste mi padre Nuño;
mas el amor paternal,
la venganza y reino juntos
dicen que mucho no alcanza
el que no aventura mucho.
Mas, ¿qué es esto? ¿Dónde vuelas,
precipitado discurso?
¿Reino dije? En mi lealtad,
¿cómo es posible que cupo
ni aun el primer movimiento
de tan detestable insulto?
Mas si ya cayó en mi padre
la mancha infame, ¿qué mucho
que peque la sangre mía
de los humores que tuvo
aquel de quien la heredé?
Mas no, Sancho, no disculpo
por la inclinación el yerro.
La sangre inclinaros pudo;

mas sobre ella al albedrío
dio el cielo imperio absoluto.
Ceda a la ley la ambición,
lo provechoso a lo justo;
sed leal; que si primero,
cuando mi pecho no supo
si era Alfonso el fuerte o no
el que a la reina se opuso,
estábades en servirla
tan firme, ya que no dudo
que se le opone un traidor,
y que es Alfonso difunto,
mi obligación se acrecienta,
sin que lo estorbe ser Nuño
mi padre; que así la ley
justamente lo dispuso.
Si es mucho lo que ganaba
siendo traidor, de eso arguyo
mi valor; que ser leal
perdiendo poco, no es mucho.
Si ser por reinar traidor
dijo que es lícito alguno,
fue cuando la tiranía
daba los cetros del mundo;
fue cuando idólatras pechos
no temieron ser perjuros;
fue cuando el vasallo al rey
natural amor no tuvo;
mas hoy, que la sucesión
les da derecho tan justo;
hoy, que el amor se deriva,
por legítimo transcurso,
de los padres a los hijos;
hoy, que del cristiano yugo

a cumplir los juramentos
obligan los estatutos,
¿cómo por reinar podrá
decir que es lícito alguno
ser traidor, sino quien tenga,
lejos del cristiano culto,
mucha ambición, poca ley,
sangre vil y pecho bruto?)

Nuño   ¿Qué dudas? ¿Qué te suspendes?

Sancho   Después de varios discursos
vengo a resolver que tú
es imposible ser Nuño.
Engaños son que fabricas;
porque quien tal hijo tuvo
como yo, incurrir en culpa
de infame traición no pudo,
ni ser liviana mi madre,
ni dado que del conyugio
la ley violase, dejara
de matar a don Bermudo
mi padre entonces, si fuera
rey del Ganges al Danubio;
y así, no solo de intento,
por lo que has dicho, no mudo,
pero estoy en él más firme,
pues a ti mismo te escucho
que no eres Alfonso el fuerte;
con que ya del todo juzgo
sin escrúpulo mi intento,
y el de la reina más justo.

Nuño   ¡Hijo...!

Sancho	¡No me llames hijo!
Nuño	¡Vive Dios, si no reduzgo tu proterva obstinación, que para castigo tuyo he de publicar yo mismo que soy yo tu padre Nuño! La liviandad de Teodora sabrá de mi boca el mundo, por que así, muriendo yo a las manos de un verdugo, por padre y por madre seas fábula infame del vulgo.
Sancho	No importa, no; que mis hechos sabrán desmentir los tuyos, y mi valor tus engaños; que nadie creerá que pudo Sol que tanto resplandece tener padres tan oscuros. Y si a decirlo te anima del tiempo el largo discurso, también de los años yo para negarlo me ayudo, pues ya, aunque mi padre fueras, no te conoce ninguno; y así, o muda parecer, puesto que yo no le mudo, o apercibe a resistir a mis soldados los tuyos.
Nuño	Empeñado, Sancho, estoy.

Sancho   Yo resuelto.

Nuño   Yo procuro
            tu aumento.

Sancho   Yo tu castigo.

Nuño   Yo soy tu padre.

Sancho   Difunto
            es mi padre. ¡Toca al arma!

Nuño   ¿Al arma? Pues sepa el mundo
            que soy...

Sancho   ¡Tente, no lo digas!
            ¡Tente!

Nuño   Si no te reduzgo,
            he de publicar quién soy.

Sancho (Aparte.)   (¿A quién la Fortuna puso
            en un lance tan estrecho?)

Nuño   Si yo no soy padre tuyo,
            ¿por qué temes que lo diga?

Sancho   Para dañarme eres Nuño;
            mas no para obedecerte
            en intento tan injusto.

Nuño   Pues si no has de obedecerme,
            que soy tu padre divulgo.

Sancho	Pues si o yo he de ser traidor, o tú decirlo, ¿qué dudo en decirlo yo primero? Sepa Aragón, sepa el mundo...
Nuño	¡Tente, por Dios, hijo! ¡Calla; que no mi mal, sino el tuyo, a refrenarte me obliga!
Sancho	Pues si en entrambos es uno el daño de publicarlo, callemos entrambos, Nuño. Conténtate con que pueda esto con mi pecho el tuyo, y deja que en lo demás ejecute el fuero justo de la lealtad. ¡Toca al arma!
Nuño	¡Toca al arma, y muera Nuño que engendró su patricida!
Sancho	Sabe Dios que lo rehúso; pero la ley de lealtad contra la sangre ejecuto.

(Vanse. Salen soldados.)

Soldado I	Esto es hecho.
Soldado II	Es caso cierto; que nunca al fin la verdad, aunque corra tempestad, deja de salir al puerto.

Soldado III	Si los grandes, obligados,
	se rinden a la razón,
	¿qué ha de hacer todo Aragón?

(Sale Sancho.)

Sancho	¡Al arma, al arma, soldados!
Soldado I	¿Dónde vas?
Sancho	Al arma toca.
Soldado I	General, ¿quién ha de ser
	el que te ayude a emprender
	facción tan injusta y loca?
Sancho	Si tengo en razón y en gente
	ventaja, ¿qué resta ya?
Soldado I	Tu campo te mostrará
	que te engañas, brevemente.
	¡Oye!
Soldado IV (Dentro.)	¡Viva Alfonso el fuerte!
Sancho	¿Qué es esto? ¿Quién ha causado
	tal novedad?
Soldado I	Informado
	el campo de que su muerte
	fue incierta, y que de Aragón
	los más ancianos confiesan
	ser él y su mano besan,
	está ya a su devoción

	toda tu gente.
Sancho	¡Mirad que no es Alfonso, soldados!
Soldado I	En casos tan comprobados es locura, y no lealtad, solo a todos resistir; y es mejor, sin duda alguna, sujetarte a la Fortuna que inútilmente morir.
Soldado IV (Dentro.)	¡Viva Alfonso!
Soldado I	Ya habrás visto que es sin fruto tu desvelo en resistir.
Sancho (Aparte.)	(Sabe el cielo que me alegro, aunque resisto; que es mi padre, y la razón puede impedir los intentos, pero no los movimientos de tan natural pasión.)
Soldado I	¿Qué determinas?
Sancho	Mil veces, morir yo solo leal.
Soldado I	Pues ya no eres general, pues a tu rey no obedeces, ¡date a prisión!

Sancho	¡Qué traición!

Soldado I	Solo es traidor quien se opone al rey.

(Quítanle la espada, y préndenlo.)

Sancho (Aparte.)	(La lealtad perdone, si me alegra la prisión.)

(Nuño y Bermudo, dentro; después, Pedro Ruiz, el Conde de Urgel, Berenguel, el señor de Mompeller, don Ramón y Zaratán.)

Nuño (Aparte.)	(¡No le matéis! ¡Aguardad!)

Bermudo (Aparte.)	(¡Tened! ¡No le deis la muerte, soldados!)

Soldado I	De Alfonso el fuerte viene ya la majestad, de todos obedecida.

(Salen.)

Nuño	Amigos, la fortaleza de mi reino y mi grandeza fundo solo en esta vida.

Soldado I	Por su ciega obstinación le hemos preso.

Nuño	El general sirve así como leal a quien le dio su bastón,

y vosotros habéis hecho
también lo que os ha tocado;
mas cuando desengañado,
persuadido y satisfecho
   de que soy Alfonso esté
Sancho, será su valor
tan constante en mi favor
cuanto en mi daño lo fue.

Bermudo   Su vida, señor, te importa.

Zaratán   Ya, Sancho, no me daréis
uñada, aunque os enojéis;
que el rey las uñas os corta.

Nuño   Sancho, escucha.

(Habla bajo con él.)

Berenguel (Aparte.)   (Cuando vi
en palacio el postrer día
a Teresa, ¿no tenía
al cuello esta banda? Sí.
   Ella es sin duda; ya son
ciertas mis sospechas. ¡Cielos,
venganza piden mis celos!
¡Yo buscaré la ocasión!)

Mompeller   Padre, escucha. Si advertiste,
¿esta banda no tenía
al cuello mi hermana el día
que en el palacio la viste?

Bermudo   Si mal no me acuerdo, es ella.

Mompeller	Pues con esto he confirmado
	mi sospecha, y ha llegado
	a ser rayo de centella.
(Saca la daga.)	¡Vive Dios, que he de matarlo,
	aunque lo defienda el rey!
Bermudo	¡Hijo, detente!
Mompeller	¿Qué ley
	padre, te obliga a librarlo?
Bermudo	¿No ves que el castigo hará
	más pública nuestra afrenta?
Mompeller	Pues que su favor ostenta,
	la afrenta es pública ya.
Bermudo	Hijo, en negocios tan graves
	daña el arrojado ardor.
	Yo soy viejo, y tengo honor,
	y sé lo que tú no sabes.
	Mejor remedio pretendo.
	Hasta agora lo perdido
	es poco; por entendido
	no te des; que yo me entiendo.
(Aparte.)	(Porque no pierda opinión
	su madre doña Teodora,
	es fuerza callar agora
	de ampararle la ocasión.)
Sancho	Daros la obediencia aquí
	bien veis que me ha de dañar,
	y dará qué sospechar,

señor, de vos y de mí;
   pues me he rendido forzado,
y lo que he debido he hecho,
dejad que oculte mi pecho
el contento que me ha dado
   veros ya rey de Aragón;
si bien os puedo afirmar
que a poderos estorbar
la tirana posesión,
   venciera en mí la lealtad
a la sangre. Esto os confieso;
y así, pues me importa, preso
a la corte me llevad;
   que pues ya es fuerza que os den
la corona, y la obediencia
la reina, tendré licencia
de obedeceros también
   entonces, sin que argüir
me puedan de deslealtad.

Nuño   Dices bien. ¡Preso llevad,
pues no puedo reducir
   su proterva obstinación,
a Sancho Aulaga!

Sancho   Primero
daré la vida al acero,
que a la reina de Aragón,
   Petronilla, no obedezca
por legítima señora.

Nuño   Ése es justo intento agora;
pero cuando ella me ofrezca,
   después que me conociere,

	la obediencia, mudarás parecer o morirás.
Sancho	Lo que Petronilla hiciere, haré entonces disculpado.
Nuño	A Zaragoza marchad.

(Vase.)

| Pedro (Aparte.) | (De rayos de tu beldad
me espero ver coronado
   presto, Petronilla hermosa.) |

(Vase.)

| Ramón (Aparte.) | (Agora, enemiga fiera,
verás si Ramón te hiciera
con su mano venturosa.) |

(Vase.)

| Conde (Aparte.) | (Hijo, presto pienso hacerte,
Más que imaginas, dichoso.) |

(Vase.)

| Berenguel (Aparte.) | (¡Rabiando voy de celoso!) |

(Vase.)

| Zaratán | Huélgome que ya la muerte
   no me daréis tan resuelto;
que por mal considerado, |

el león os ha humillado,
y pollino os habéis vuelto.

(Vase.)

Sancho (Aparte.) (Preso va, Teresa hermosa,
el que volver vencedor
te prometió. Tu favor
contra la suerte forzosa
  poder, señora, no tiene;
aunque por este camino
mis intentos imagino
que la Fortuna previene.
  Y tú, reina, pues he hecho
cuanto pude, ya cumplí
mi obligación; y si aquí
resuelve callar mi pecho
  que es mi padre quien se opone
aleve a tu majestad,
solo este error la lealtad
a un hijo suyo perdone.)

Fin de la segunda jornada

Jornada tercera

(Salen Nuño y Bermudo.)

Nuño   Bermudo, ya que a mi imperio
Petronilla está sujeta,
con que en posesión quieta
me juzgo de este hemisferio,
 importa que la ocasión
evite; que donde está
la paz tan tierna, podrá
causar nueva alteración,
 Del reino los poderosos
mi privanza solicitan,
y ya contra mí se irritan,
de lo que os quiero envidiosos.
 Vos solo sois mi privado;
que por la antigua experiencia
estoy de vuestra prudencia
y lealtad bien informado;
 y así, para que gocéis
de mis favores, de suerte
que de la envidia y la muerte
yo esté seguro, y lo estéis,
 de modo, Bermudo amigo,
hemos de vernos los dos,
que ninguno sino vos
sepa que priváis conmigo.
 Así se consigue el fin
que pretendo y pretendéis.
En vuestra casa tenéis,
si bien me acuerdo, un jardín
 tan retirado, que allí,
señalando puesto y hora,

se podrá hacer lo que agora
tratamos; que desde aquí
　　en palacio ni de día
ni de noche habéis de entrar
porque no os pueda encontrar
alguna envidiosa espía;
　　pues la emulación no sabe
reposar; para este fin
me dad de vuestro jardín,
Bermudo amigo, una llave,
　　porque yo, en viendo dispuesta
la ocasión y que no pasa
gente, la goce.

Bermudo　　　　　　　　　Mi casa
toda, gran señor, con ésta,
　　que es maestra, abrir podéis;
(Dásela.)　　porque de toda no dudo
daros llave, si en Bermudo
la del corazón tenéis.

Nuño　　　　　Bien pueden finezas mías
a igual amor obligaros.

Bermudo　　　¿Qué días he de aguardaros?

Nuño　　　　Todos los festivos días
　　queden aquí señalados
para vernos.

Bermudo　　　　　　　　　¿A qué hora?

Nuño　　　　Cuando la estrellada autora
de yerros enamorados

                    haya hecho la mitad
                    de su curso. Mas primero,
                    como noble caballero,
                    la fe y palabra me dad
                    del secreto.

Bermudo   Si el secreto
                    mi provecho no mirara,
                    el mandarlo vos bastara.
                    Como quien soy lo prometo.

Nuño   Pues adiós; que ya los dos
                    podemos dar, con hablar
                    tanto a solas, qué envidiar.

Bermudo   ¡Mil años os guarde Dios!
(Aparte.)   (Esto es ser rey, esto es dar
                    de justo y prudente indicios,
                    pues sabe premiar servicios,
                    y quejas sabe evitar.)

(Vase.)

Nuño   Enemigo, así el efeto
                    la mentirosa privanza
                    le dispone a mi venganza
                    sin peligro y con secreto.

(Salen don Pedro, Sancho y Zaratán.)

Pedro   Poniendo en ejecución,
                    señor, vuestro mandamiento,
                    viene rendido y contento,
                    libre ya de la prisión,

Sancho, a daros la obediencia.

Sancho   Pues Petronilla os la dio,
a su ejemplo tengo yo
para lo mismo licencia.
   Los labios pongo en la planta,
con que vuestra Majestad
venza el mundo.

Nuño   ¡Conde, alzad!

Sancho   Vuestra mano me levanta
   con merced antes llegada
a alcanzar que a merecer,
para mostrar su poder
con hacer algo de nada.

Nuño   En un valiente soldado
no hay desmerecido honor;
y aún no he premiado el valor
y lealtad que habéis mostrado
   en defensa y en servicio
de mi sobrina; y así,
hace, aunque fue contra mí,
el cumplir con vuestro oficio
   que os quiera, estime y alabe;
que en la materia que digo,
solo sabe ser amigo
quien ser enemigo sabe.

Pedro   Ya, señor, que vuestra alteza
con tan pródigos favores
ostenta los resplandores
de su poder y grandeza

a suplicaros me atrevo
que en lo que habéis prometido
los mostréis también.

Nuño   No olvido
lo mucho, Azagra, que os debo.
Presto veréis el efeto.

Pedro   Y presto seré dichoso,
si merezco ser esposo
de tan divino sujeto.

Nuño   Y porque empiece a premiar,
puesto que no satisfago
vuestros méritos, os hago
mi general de la mar.

Pedro   ¡Mil años os guarde el cielo;
que este brazo, habéis de ver
que ofrece a vuestro poder
todo el imperio del suelo!

(Vase don Pedro.)

Zaratán   Por lo que de esta merced
como a criado me toca,
pongo en vuestros pies mi boca;
que en este oficio creed
que nadie saldrá mejor
que mi dueño de su empeño;
que es tan buen señor mi dueño,
que no parece señor.
Mas yo, que tanto celebro
vuestra largueza y poder

¿hasta cuándo he de leer
el rétulo del celebro?

Nuño   Piensa tú qué puedo darte
que convenga con tu estado.

Zaratán   Yo soy, señor, inclinado
más a Minerva que a Marte.
   Dame un gobierno, y verás
en Zaratán un Solón.
Y por si de mi opinión
poco satisfecho estás,
   oye; que te he de mostrar
cuánto alcanza mi capricho;
que en Zaragoza se ha dicho
que pretendes reformar
   leyes, costumbres y fueros,
y yo con este cuidado
estos puntos he pensado
que dar a tus consejeros.

(Saca un papel y lee.) «Primeramente, porque son los pleitos
peste de la quietud y las haciendas,
pague todas las costas el letrado
del que fuere en el pleito condenado;
pues temiendo con esto el propio daño,
dará al principio el justo desengaño;
y las partes con esto, no teniendo
quien en causas injustas las defienda,
menos pleitos tendrán y más hacienda.
Ítem, porque las frutas cuando empiezan
se venden caras y después baratas,
esto se haga al revés, pues es tan cierto
que están al empezar verdes y duras,

y después sazonadas y maduras.
Ítem, porque haber pocos oficiales
mecánicos y pocos labradores
encarece las obras y labores,
no se admitan sus hijos al estudio
de letras, ni por ellas a las plazas
de jueces; pues si llegase un hijo
de un despensero a serlo, es evidencia
que supuesto que es gato por herencia,
aunque esté del león puesto en la cumbre,
vuelve, en viendo el ratón, a su costumbre.
Ítem, que o no se prendan los que juegan,
o en los naipes se quite el dos de espadas,
porque tiene las gentes engañadas,
con licencia del rey, publica; luego,
o quítenlo, o no prendan por el juego,
pues permites venderlos, y no ignoras que
no pueden servir los naipes de Horas.
Ítem, que no se impongan los tributos
en cosas a la vida necesarias,
mas solo en las que fueren voluntarias,
en coches, guarniciones de vestidos,
en juegos, fiestas, bailes y paseos,
pues ninguno podrá llamar injusto
el tributo que paga por su gusto.
Ítem, su majestad venda las plazas
y oficios, pues habrá mil que las compren,
y llevar puede el precio con derecho
a quien da de una vez honra y provecho.
Ítem, que no destierren a las damas
de hombres casados, pues se irán tras ellas,
y tendrán sus mujeres, con su ausencia,
como dicen, tras cuernos penitencia.
Ítem, que no se ocupen los varones

en oficios que pueden las mujeres
ejercer; que un barbón que ser pudiera
soldado o labrador, no es bien que venda
hilo y seda sentado en una tienda.
Ítem, que cuando hay toros o otras fiestas,
los dueños de terrados los arrienden
abajo, porque arriba tiranizan
el precio, y les dan más que justo fuera
por no volver a andar tanta escalera.
Ítem, que a los que premias con oficios,
no aleguen el gozarlos por servicios,
pues al pedirlos, por merced los piden,
y no te han de obligar, pues se los diste,
con la misma merced que les hiciste.
Ítem, que pues por más que los persiguen,
nunca al fin se remedian los garitos,
como de naipes el estanco arriendas,
de gariteros los oficios vendas.
Ítem, porque no puede conseguirse
que no anden rebozadas las mujeres,
se tapen las rameras, pues con esto,
por su opinión, las otras, es muy cierto
que andarán con el rostro descubierto.
Ítem...»

Nuño	Basta.
Zaratán	Sí, basta, si he mostrado que soy para un gobierno acomodado.
Nuño	Mil ducados te doy por los arbitrios.
Zaratán	¡Vivas mil años! Voy por la libranza para que firmes. El primero he sido

que por ser arbitrista ha enriquecido.

(Vase.)

Nuño
¡Hijo, dame mil veces esos brazos;
que por gozarlos se abrasaba el pecho!

Sancho
No menos deseaba yo estos lazos,
si bien la ley de la lealtad ha hecho
tan justa resistencia.

Nuño
                Todo ha sido
haber conmigo en opinión crecido.
Sabe que ya he trazado mi venganza;
en su mismo jardín he de dar muerte
a solas a Bermudo.

Sancho
                ¿De qué suerte?

Nuño
Con esta llave, que me ha dado
él mismo para verle de noche con secreto;
que fingiendo que él solo es mi privado,
y quiero que lo encubra retirado
por no causar envidias, he dispuesto
vengar mi afrenta en su jardín, de suerte
que él solo sepa que le da la muerte
Nuño Aulaga en venganza de su agravio.

Sancho
¿Hete de acompañar?

Nuño
              De ningún modo;
antes, para evitar toda sospecha,
la noche que yo vaya a ejecutarlo,
a Petronilla has de asistir; y advierte

que te finjas con ella de mi suerte
y de la suya pesarosa. Empieza
a mostrarle afición; que hasta su alteza
de grado en grado pienso levantarte,
y con su mano su corona darte.

(Vase.)

Sancho   ¿Qué máquinas son éstas? ¿Qué combates,
temores, penas, dudas, confusiones?
¿Agora a tan constante amor te opones,
ciega ambición? ¿Agora de Teresa
quieres que olvide la adorada empresa?
Antes mi humilde estado lo impedía,
y agora, que mi dicha me levanta
a poder merecer belleza tanta,
¿tan nuevo pensamiento me divierte?
Mucho repugna a nuestra unión la suerte.
Mas no, Teresa, no; no hay más tesoro
ni reino que gozar el bien que adoro.
Tuyo he de ser. Mas ya el Amor me acusa
que no es tu fino amante el que no excusa
la muerte de tu padre. Mas se opone
respondiendo el honor que amor perdone.
Solo muere el agravio en la venganza,
y el de mi padre con razón me alcanza.
Y pues has de ignorar que es padre mío
quien mata al tuyo, y cuando lo estorbara,
nada con tal fineza te obligara,
pues no puedes saberla, ¿qué me aflijo?
con ser amante cumplo y con ser hijo;
que ni a ti te está bien, si has de ser mía,
que a un hombre cuyo padre está afrentado,
la mano des antes de estar vengado.

(Vase. Salen Bermudo y Teresa.)

Bermudo ¿Qué fiera melancolía
es ésta? ¿Qué sentimientos,
afligen tus pensamientos,
querida Teresa mía?
   ¿No me dirás la ocasión?
Habla por tu vida. ¿A quién
puedes descubrir más bien
que a tu padre tu pasión?

Teresa Señor, si el tormento mío
otro remedio tuviera,
si de mi mal estuviera
la ocasión en mi albedrío,
   nada pudiera conmigo
obligarme a declarar
ni a decirte a mi pesar
lo que con vergüenza digo.
   Desde el primero verdor
de mi juventud, me inquieta
con inclinación secreta
de Sancho Aulaga el amor.
   No ser de mi calidad
lo tuvo en justa opresión;
que le debe esta atención
tu sangre a mi ceguedad;
   mas hoy, que le miro honrado
de un título, y que la fama
Sancho el valiente le llama,
y que del rey es privado,
   llega ya a ser elección
la que inclinación ha sido,

y en mi pecho ha consentido
con el gusto la razón;
   y así...

Bermudo   ¡Calla! ¿Puede ser
que así olvides que es tu padre
Bermudo, y que fue tu madre
señora de Mompeller?
   ¿Tú piensas que te he sacado
de palacio, aunque fingir
lo quise así, por vivir
de su inquietud retirado?
   Pues no fue, no, la ocasión
ésa, sino haber sabido
que la reina ha consentido
de Sancho la pretensión.
   ¿Posible es que se te esconde
que es su ventura accidente,
y puede ser fácilmente
que ése que estimas por Conde
   vuelva a su primer estado,
y aunque del rey es querido,
llores mañana abatido
al que hoy celebras privado?
   ¿No adora don Berenguel
tu hermosura? ¿No es galán?
¿Mil títulos no le dan
los del condado de Urgel?
   Pues, ¿qué locos pensamientos
te divierten? Vuelve en ti,
y lo que te he dicho aquí
mira con ojos atentos,
   sin otros inconvenientes
que no puedo declararte;

ique, vive Dios, de matarte
primero que tal intentes!

(Vase.)

Teresa

¿Que me matarás primero
que tal intente? ¿Qué importa?
Ningún temor me reporta
de morir, pues de amor muero.
    ¿A qué muerte, a qué delito
no me expondrá mi impaciencia,
si en la misma resistencia
se enfurece el apetito?
    ¡Vive el cielo, que he de ser
tuya, Sancho! Mi albedrío
no es de mi padre, que es mío,
y yo tengo de escoger
    esposo, si al mundo pesa.
Valor tienes, y yo amor,
y armada de tu valor,
no teme al mundo Teresa.

(Sale Inés.)

Inés

¿Qué es esto, señora?

Teresa

                        Inés,
justas impaciencias son,
con que mi ciega pasión
llega al extremo que ves.
    Toma el manto y busca luego
a Sancho Aulaga el valiente.
Dile que ya no consiente
más dilación tanto fuego;

que a verme esta noche venga
por el jardín a las doce.

Inés   Pues, ¿no adviertes...?

Teresa   Quien conoce
que es loco Amor, no prevenga
   peligros. Pues cierta estás
de lo que puede conmigo,
parte al punto; haz lo que digo
y no me preguntes más.

(Vase.)

Inés   Ésta es la misma ocasión,
Berenguel, que has deseado.
Liberal me has obligado
a ayudar tu pretensión.
   Pues de la noche asegura
la oscuridad nuestro intento,
logra de tu pensamiento
por engaño la ventura;
   que Bermudo mi señor
cuando llegase a entenderlo,
pienso que ha de agradecerlo;
que es de tu parte en tu amor.

(Vase. Salen Molina y Vera, de noche.)

Molina   ¿Hasta cuándo hemos de ser
estafermos de esta esquina?

Vera   Esto es merecer, Molina.
El que sirve ha menester

paciencia.

Molina   Vera, el estar
                          cada noche aquí en espía
                          hasta que nos echa el día
                          sin fruto, ¿no ha de cansar
                              a un mármol?

Vera   Don Berenguel
                          se entiende.

Molina   Quizá no entiende.
                          si él a Teresa pretende,
                          y ella se muestra cruel,
                              ¿qué sirven estos extremos?
                          ¿Hala de obligar a amalle
                          con que nosotros la calle
                          toda la noche guardemos?

(Sale Zaratán, desatacándose aprisa.)

Zaratán   ¡Ah, despensero! ¡Mal haya
                          quien de Judas te ordenó!

Molina   ¿Quién va?

Zaratán   Quien se va.

Molina   ¿Quién?

Zaratán   Yo.

Vera   Aguarde.

Zaratán	Antes que me vaya, dejad que me vaya.
Molina	Espere, y ese enigma nos explique.
Zaratán	Luego vuelvo.
Molina	No replique.
Zaratán	Pues después, si el caso hediere, perdonen.
Vera	Acabe, diga.
Zaratán	Zaratán soy, un criado de Pedro de Azagra. Ha dado su familia, que enemiga es siempre del despensero, en chupalle cierta bota de un oloroso candiota... ¡Dejadme por Dios, que muero!
Molina	Prosiga.
Zaratán	Supo tan bien probarlo el ladrón, que hinchó la bota, y al vino echó tal cantidad de hojasén, que cuantos de ella bebimos pagamos la reincidencia, y conoce en la correncia a los que en el hurto fuimos. Envióme mi señor

a un recado; y el tal vino
tanto ha obrado en el camino,
que parezco medidor
    de tierras, pues mis calzones
son testigos, que he dejado
cuantas calles he pasado,
señaladas de mojones.
    Y porque el recado aguarda,
que yo llevo tan despacio,
Sancho el valiente en palacio,
que es esta noche de guarda
    del príncipe, a la estafeta
le dad licencia los dos,
o soltaré —¡vive Dios!—
la lazada a la agujeta.

(Vase.)

Molina   Por Dios, que es entretenido.

Vera   Graciosamente ha contado
su historia.

(Sale Berenguel.)

Berenguel   Y yo me he alegrado,
amigos, de haberle oído
    que es esta noche de guarda
Sancho.

Molina   ¡Señor! ¿Pues oíste
la plática?

Berenguel   Sí, y consiste

la ventura que me aguarda,
en eso. Llegad conmigo
a la puerta del jardín
de Teresa; que hoy el fin
de mi esperanza consigo
con un engaño que pudo
negociar el interés
con su camarera Inés,
por cuyo medio no dudo
que hoy he de tener venganza
de su desdén y el favor
de la banda, en que su amor
a Sancho le dio esperanza.

(Sale Inés a una puerta.)

Inés   ¿Es Berenguel?

Berenguel   ¿Es Inés?

Inés   Yo soy; mas, ¿qué gente es ésa?

Berenguel   Si pueden, sin que Teresa
lo entienda, entrar los que ves,
personas de pecho son;
y en cosas de tanto peso,
para cualquiera suceso
importa la prevención.

Inés   Entren, más...

(Vanse. Salen Berenguel, Inés, Molina y Vera.)

Inés   Quédense aquí

tras esta hiedra escondidos.

Berenguel   Estad siempre apercibidos.

Molina   Morir sabremos por ti.

(Arrímanse Molina y Vera, y van andando por el teatro Inés y Berenguel a oscuras y con recato.)

Inés   Teresa está en esta fuente.
                       Logra de tu amor el fin,
                       y no temas; que el jardín
                       dista espacio suficiente
                          de la casa, para dar
                       seguridad a tu intento.

(Sale Teresa.)

Teresa (Aparte.)   (Abrasado pensamiento,
                       ya no es tiempo de dudar
                          lo que habéis determinado
                       con amor.)

Inés   Aquí, señora,
                       está el que tu pecho adora.

Teresa   ¡Sancho mío!

Berenguel   ¡Dueño amado!

Teresa   Todo esto sabe emprender
                       quien tiene amor.

Inés   ¡Oye, tente;

que en el jardín siento gente!

Teresa   ¡Ay de mí! ¿Quién puede ser?

Berenguel   Pues mi valor te asegura,
pierde el temor.

Teresa   Los oídos
apliquemos escondidos
de este nido en la espesura.

(Arrímanse a un lado. Salen Bermudo y Nuño.)

Nuño   ¿Estamos solos, Bermudo?

Bermudo   Tan solos, que de esta fuente
puede el raudal solamente
romper el silencio mudo.

Vera (Aparte.)   (Dos hombres son: ¿quién serán?)

Molina (Aparte.)   (O son griegos de esta Troya,
o se mueven por tramoya
las figuras de arrayán.)

Bermudo   Aqui vuestra majestad
puede asentarse.

Nuño   Bermudo,
asentaos.

(Siéntanse Nuño y Bermudo de suerte que a sus espaldas estén Teresa, Berenguel e Inés.)

Teresa (Aparte.)   (¿Qué caso pudo
                  causar tan gran novedad?
                  El rey y mi padre son.)

Inés (Aparte.)   (En grande peligro estamos.)

Berenguel (Aparte.) (Lo que platican oyamos
                  con silencio y atención.)

Nuño   Bermudo, ¿acaso tenéis
                  memoria de Nuño Aulaga?

Bermudo   Sí, señor, y en lo de Fraga
                  con vos se perdió.

Nuño   ¿Sabéis
                  el agravio que le hicistes
                  con su mujer, don Bermudo,
                  y que vengarse no pudo
                  por el poder que tuvistes?

Bermudo (Aparte.)   ¡Señor!... (No sé qué recelo
                  me ha dado mi corazón.)

Nuño   Bermudo, a ofensas que son
                  cometidas contra el cielo,
                    si el castigo se dilata,
                  llega en la vida o la muerte.
                  Yo no soy Alfonso el fuerte;
                  Nuño Aulaga es el que os mata
                    en venganza de su afrenta.

(Saca la daga y vale a dar, y arrójanse sobre él Teresa y Berenguel, y tiénenlo.)

Teresa	¡Ah, traidor!
Berenguel	¡Tente, traidor! ¡Molina! ¡Vera!

(Llegan Vera y Molina.)

Molina	¡Señor!
Bermudo	¡Prendedle!

(Átanlo.)

Nuño	Aleves, ¿qué intenta contra el rey vuestra osadía?
Berenguel	¡Todo lo habemos oído, Nuño Aulaga!
Bermudo	¡Rey fingido, llegó de tu muerte el día!
Nuño	¡Dádmela, ya que la suerte no me ha dejado vengar!
Bermudo	¡Tu vida pienso guardar a más afrentosa muerte! Mas, ¿quién es quien me ha librado de tal riesgo?
Berenguel	Berenguel.
Teresa (Aparte.)	(¿Hay tal engaño?)

Berenguel	Por él tu padre el cielo ha guardado Delito ha sido de amor, que quise más descubrir, Bermudo, que consentir que os diese muerte un traidor. Todo ha sido engaño mío; que Teresa está inocente.
Bermudo	No es ocasión la presente de averiguarlo, y yo fío que satisfaréis mi honor.
Molina	Atado está ya de suerte que aunque fuese Hércules fuerte, no se librara el traidor.
Bermudo	Quede por agora preso en mi casa.
Nuño	¡Ay, cielo santo!
Bermudo	Llamad mi hijo, y en tanto que de este extraño suceso me parto con Berenguel a dar a su majestad cuenta, los dos os quedad con mi hijo en guarda de él.
Vera	Vamos.
Bermudo	Entrad.

Berenguel   ¡Ay, Teresa,
                    que gran ocasión perdí!

(Vanse.)

Nuño (Aparte.)   (¡Hijo del alma, por ti
                    solo de mi mal me pesa!)

(Llévanle.)

Inés (Aparte.)   (Aunque mi engaño ha importado
                    tanto, me quiero ausentar;
                    que la soga ha de quebrar
                    al fin por lo más delgado.)

(Vase.)

Teresa   ¿Qué es esto, cielo, qué es esto?
                    ¿En qué tanto os ofendí,
                    que de una vez contra mi
                    del todo os habéis opuesto?
                    Aquí de mi estado honesto
                    he perdido la opinión,
                    aquí perdió mi afición
                    de Sancho ya la esperanza,
                    pues tan infame mudanza
                    pone su padre en prisión.
                       Aquí se ha opuesto a mi amor
                    la obligación y el decoro,
                    pues mi padre es del que adoro
                    el enemigo mayor.
                    Hijo es Sancho de un traidor.
                    Perdíle, y perdí con él
                    la opinión, y a Berenguel,

que ha visto mi liviandad.
¡Cielo, la muerte me dad,
y seréis menos cruel!

(Vase. Sale Pedro Ruiz.)

Pedro
   ¿Posible es que Nuño Aulaga
tanto me pudo engañar?
Ya, ¿qué medio puedo hallar
que a la reina satisfaga?
   Por cómplice ha de tenerme
del engaño. Estoy corrido,
y en mi intento me he perdido,
con lo que pensé valerme.
   Si antes de esto endurecida
se mostraba a mi deseo,
¿qué espero cuando la veo
reina ya y de mí ofendida?
   A Murcia me he de pasar,
pues me convida el rey moro
con sumas de plata y oro,
y aquí no hay ya qué esperar
   sino agravios y venganzas.

(Sale Sancho.)

Sancho
¿Qué esperáis con esta vida,
Fortuna, de mí ofendida?
¿Qué quieren vuestras mudanzas
   a quien le cansa el vivir?

Pedro
Sancho, amigo, ¿adónde vais?

Sancho
¡Ay de mí! ¿Qué preguntáis

a un desdichado? A morir,
a morir infamemente,
pues me dan padre traidor.

Pedro   ¿Agora os falta el valor?

Sancho   ¿Quién es fuerte, quién prudente
en caso tan desdichado?

Pedro   No menos que vos lo siento,
pues en su alevoso intento
quedo también indiciado
    de cómplice; y así, quiero
pasarme a Murcia. Conmigo
os venid, Aulaga amigo;
que este brazo y este acero
    ofrezco en vuestra defensa.
(Aparte.)   (Si a Murcia le llevo, fío
que con su valor y el mío,
de tu desdén y mi ofensa,
    reina, me veré vengado.
A esto solamente aspiro.)

Sancho   Por todas partes me miro
de inconvenientes cercado.
(Aparte.)   (¡Ay, grandeza! ¡Ay, opinión
¡Ay, padre! ¡Ay, Teresa mía!
Todo lo pierdo en un día.
Mas, ¿cómo de tu afición
    me acuerdo, ingrata, cruel,
y en medio de tantas penas
a más dolor me condenas?
¡Que en el jardín Berenguel
    tus brazos entró a gozar!)

(Sale Zaratán.)

Zaratán

¿Qué haces aquí tan de espacio,
Sancho Aulaga? Que en palacio
se acaba de publicar
   la sentencia en que ha mandado
la junta al punto prenderte,
y al preso a afrentosa muerte
de horca vil han condenado.

Sancho

¿Qué dices?

Zaratán

Si no confías
que digo verdad en esto,
con las campanillas presto
lo dirán las cofradías.

Sancho

   ¿Qué paciencia, qué valor
basta a combates tan fieros?
Los señores consejeros,
ya que al preso por traidor
   a la muerte han condenado,
para que en horca no fuera,
¿no repararán siquiera
que por padre me le han dado,
   aunque en ello el mundo miente?
¿No advirtieran que me llama
por mis hazañas la fama,
con razón, Sancho el valiente?
   Azagra, mi pecho intenta
vuestro consejo seguir.
A Murcia vamos a huir
tanto agravio, tanta afrenta;

mas primero he de emprender
dos cosas con vuestro amparo,
pues con él, amigo, es claro
que no se me han de atrever.

Pedro   En todo estad satisfecho
que a ese lado me tendréis.

Sancho   Venid conmigo, y sabréis
lo que emprende un noble pecho.

(Vanse.)

Zaratán   Mosca lleva; y aun yo he echado
también un lance gentil,
pues la merced de los mil
con esto en cierne se ha helado.
    Mas hoy me llego a vengar
del traidor. ¿Qué será ver
al que rey vimos ayer,
hoy colgado pernear?
    ¡Extrañas cosas se ven!
Guarde Alfonso el verdadero,
no parezca; porque infiero
que lo colgaran también.

(Vase. Sale Nuño, con prisiones y un Secretario, con un papel.)

Secretario   Ésta es la sentencia; agora
resta no más advertiros
que tratéis de apercibiros;
que ha de ser dentro de un hora.

(Vase.)

110

Nuño	Esto es hecho, corazón;
	éste es, al fin, el trofeo
	de un vengativo deseo,
	y una alevosa ambición.
	¡Ay, hijo del alma mía!
	¿Es posible que ha de hacerte
	infame mi infame muerte,
	sin honra mi alevosía?
	¿No tuviera yo con qué
	darme la muerte, primero
	que ponga el verdugo fiero
	sobre mi cerviz el pie?

(Sale Sancho.)

Sancho (Aparte.)	(Mostrad agora, valor,
	lo que el honor puede en mí.)
Nuño	¿Quién es?
Sancho (Aparte.)	(Ya estamos aquí.
	venza el honor al amor.)
	¡Padre!
Nuño	¡Hijo de mi vida!
	¿Tal peligro has emprendido?
Sancho	La autoridad me ha valido,
	en acción tan atrevida,
	de Azagra, y un despechado
	no teme peligros, no.
	Ya, padre, ya, ya llegó
	al más miserable estado

que ha podido nuestra suerte,
pues cómplice me publican
vuestro, y a vos os dedican
a la más infame muerte;
    y así, aunque ser he negado
vos Nuño, y que es testimonio
que inducidos del demonio
mis émulos han trazado,
    he dicho, y a sustentarlo
en el campo he de ofrecerme,
es forzoso resolverme
antes, padre, a remediarlo,
    que tan vil pena se llegue
a ejecutar; pues si os llama
Nuño y mi padre la fama,
me infama, aunque yo lo niegue.
    Un hora de vida os resta,
de afrenta una eternidad;
con muerte oculta evitad
infamia tan manifiesta.
    La ganancia es conocida;
que no es honrado el que intenta
no evitar siglos de afrenta
por lograr puntos de vida;
    y no es bien que quien se llame
mi padre, y rey de Aragón
se vio, aguarde un vil pregón,
espere un suplicio infame.
    Y así, porque ha de agradaros
este intento, según fío
de vuestro valor, el mío
viene solo a presentaros
    este puñal. Vuestra mano
redima su afrenta aquí,

si no queréis darme a mí
oficio tan inhumano.

Nuño

No pienses que ha de excusarlo;
que a mí, para concluirlo,
te anticipaste en decirlo;
pero no en determinarlo.

Sancho

Agora sí que has mostrado
que eres mi padre.

Nuño

Y tu pecho
agora, con lo que ha hecho,
muestra que yo te he engendrado.
Tú has de ser ejecutor
de mi muerte; que no quiero
quitar, si a mis manos muero,
esta gloria a tu valor.
Pues queda así redimida
mi afrenta, celebre España
que dimos para esta hazaña,
el golpe tú, y yo la vida.

Sancho

No, padre; pues que tenéis
valor en determinarlo,
teneldo en ejecutarlo
vos mismo; no me obliguéis
a tan inhumana acción.

Nuño

No tenéis que resistir;
que con vos he de partir
la gloria de esta facción;
que la afrenta que en mi muerte
amenazaba a los dos,

en fama eterna yo y vos
trocaremos de esta suerte:
   yo, con quitarme la vida
la mano más valerosa,
pues hace la muerte honrosa
el valor del homicida;
   y vos con mostrar tan fuerte
pecho y heroico valor,
que le deis por vuestro honor
a vuestro padre la muerte.

Sancho   ¡Señor!

Nuño   No hay que replicar;
ya me ofende el resistir;
que, o aquí no he de morir,
o vos me habéis de matar.
   Esto os mando cuando muero,
y con esta manda os pago
cuanto os debo, pues os hago
de tal hazaña heredero.

Sancho   Pues estás determinado,
yo te obedezco; y si aquí
también no me mato a mí,
solo es por verte vengado.

Nuño   Sí, hijo; pues de tu madre
la ofensa y la de Bermudo
vengar tu padre no pudo,
vive a vengar a tu padre
   y a ti. Pues se ha publicado
ya mi agravio, y ya te alcanza
la infamia, y a la venganza

quedas con esto obligado.
Mas de los ministros ya
siento el rumor. El acero
mueve... El abrazo postrero,
hijo, y la muerte me da.

(Abrázanse, y Sancho levanta el brazo como para darle, y se entran.)

Sancho   Un tan honroso rigor
alma tiene de piedad;
que es generosa crueldad
la crueldad por el honor.

(Vanse. Salen la Reina, el Conde de Urgel, Berenguel, Bermudo, don Ramón, el Príncipe, el señor de Mompeller, Teresa y acompañamiento. La Reina y el Príncipe se asientan en un trono; don Ramón saca un pendón, y otros una corona y cetro en una fuente.)

Reina   Ya que el cielo ha permitido,
caballeros de Aragón,
que hayáis vuestra sinrazón
y mi razón conocido,
　　hoy renuncia mi persona
en el príncipe, que eterno
goce con paz el gobierno,
el reino, cetro y corona.

(Pónele corona y cetro.)

　　　　¡Viva Alfonso, en voz altiva
repetid, rey de Aragón!
Y tremolad su pendón.

(Tremolando el pendón.)

Ramón   ¡Viva Alfonso!

Todos   ¡Alfonso viva!

(Sale Teodora, enlutada.)

Teodora   Generosa Petronilla,
rey Alfonso, cuya fama
por la espada y por la pluma
viva por edades largas,
hoy, que la fiesta del día
mercedes promete francas,
llega humilde a vuestros
pies doña Teodora de Lara.
Perdonad si a esto se atreve
la mujer de Nuño Aulaga;
que es atrevido el dolor,
loco el temor de la infamia.
No pido su vida, no;
que a tan injusta demanda
ni se atreve mi deseo,
ni se alienta mi esperanza;
solo pido que atendiendo
a la opinión y a la fama
de su mujer, a quien honra
sangre ilustre de los Laras,
y a los servicios de un hijo,
cuya lealtad, cuyas armas
son espejo y son asombro
de gentes propias y extrañas,
mudéis del castigo el modo
y del suplicio la infamia;
que ha de alcanzarme también,

no estando también culpada.

(Salen Pedro Ruiz y Sancho.)

Sancho

¡Calla, repórtate, escucha;
que en vano querellas gastas,
pues ni es vivo ya el que lloras,
ni es el muerto Nuño Aulaga!
Reina Petronilla, Alfonso,
de quien Aragón aguarda
que al número de los días
se aventajen las hazañas,
yo soy Sancho Aulaga, yo
soy el que el Valiente llaman.
Hoy soy el mismo que he sido
en las edades pasadas.
Yo soy aquél que os he dado
más ciudades... Más batallas
que vasallos heredastes,
he vencido con mis armas.
Yo soy, reina, yo, no sé
cómo la memoria os falta,
el que en este lugar mismo,
viendo que os desamparaban
los que presentes me escuchan,
solo desnudé la espada,
y solo ofrecí la vida
a defender vuestra causa.
Yo soy el que solo a todos,
cuando en el campo besaban
la mano al traidor, a voces
dije: «¡Mirad que os engaña;
que es un traidor, y no Alfonso!».
Y a no quitarme las armas

del lado mi propia gente,
entonces ya mi contraria,
si no pudiera venciendo,
muriendo al menos, mostrara
que os era leal yo solo
cuando todos os faltaban.
Yo soy el mismo que preso
desprecié sus amenazas,
y hasta que vos se la distes,
la obediencia le negaba.
Pues, ¿por qué vuestro consejo
solo a mí prender me manda?
Si le mueve el presumirme
cómplice de su tirana
traición ser mi padre Nuño,
donde hay evidencias tantas
en mi favor, ¿no se borra
esa presunción liviana?
Mienten cuantos entendieren
que en mi lealtad cupo mancha;
y se engaña don Bermudo,
y don Berenguel se engaña,
en afirmar que el traidor
es mi padre, Nuño Aulaga;
y en decir que de Bermudo
pretendió tomar venganza,
porque con doña Teodora
le ofendió, también se engañan;
pues es claro que ni ser
pudo mi madre liviana,
ni ser traidor ni afrentado
el padre de Sancho Aulaga.
Y si bien yace a mis manos
difunto ya, porque basta

que, aunque engañada, le nombre
padre de Sancho la fama
para que así le impidiese
del vil suplicio la infamia;
a Bermudo, a Berenguel
y al mundo con esta espada
les probaré cuerpo a cuerpo
que han sido sus lenguas falsas.
Concededme campo, Alfonso,
y señalad la estacada,
pues no lo podéis negar,
según los fueros de España.

Bermudo   Basta, Sancho, que no puedo
aceptar, por muchas causas,
el desafío que intentas,
pues quieren probar tus armas
pues ni el traidor fue tu padre
ni fue tu madre liviana,
y defiendo yo lo mismo;
y pues murió Nuño Aulaga
con que del justo silencio
que mientras vivió casada
tu madre enfrenó mi lengua
por su honor, ya se desata.
Oye y sabe, y sepa el mundo,
que eres mi hijo. Palabra
le di esposo a Teodora,
y mereciendo gozarla,
ibas ya tú de dos meses
concebido en sus entrañas,
cuando yo, desvanecido
con el poder y privanza
que gozaba con Alfonso,

pude a callar obligarla
y a contentarse con ser
esposa de Nuño Aulaga.
Hallóme después con ella
Nuño una vez en su casa,
y creyendo injustamente
que Teodora le agraviaba,
que después que fue su esposo,
nunca a mis ardientes ansias
les dio el favor más pequeño,
sacó celoso la espada,
aunque sin fruto, y corrido
de no alcanzar su venganza,
se partió luego a la guerra;
y por ser su ausencia larga,
hasta el legítimo tiempo
le pudo ocultar la fama
el parto, y yo estos secretos,
por no ser cierto que en Fraga
muriese Nuño, hasta agora,
que su muerte y mi palabra,
tu valor y la opinión
de Teodora os desagravian,
legitimándote a ti
con casarme, pues es tanta
la fuerza del matrimonio,
que este privilegio alcanza.

Teodora   Mostráis vuestra gran nobleza.
La mano os doy con el alma.

Sancho   Y yo os la beso; que nadie
hiciera tan justa hazaña
sino quien mi padre fuera.

Mompeller	A tu hermano, Sancho, abraza.
Teresa	Y a quien perdiendo un amante, un tan buen hermano alcanza.
Bermudo	Éste era el inconveniente que dije que te callaba, Teresa, de ser tu esposo... Y del favor de la banda, hijo, te impedí por esto que intentases la venganza. Y vos, Berenguel, pues ya entendido habéis la causa porque os dije que a Teresa y a su opinión no dañaban los favores que le hacía a Sancho, pues es su hermana, cumplid vuestra obligación.
Conde	Lo que debes, hijo, paga.
Berenguel	Teresa, hacedme dichoso.
Teresa	Yo soy la que en ello gana.
Príncipe	Yo, en albricias de que Sancho ve su opinión restaurada, le confirmo las mercedes que le hizo Nuño Aulaga.
Reina	Y vos, Ramón, pues es día en que obligaciones tantas se cumplen, cumplid también

a Rica vuestra palabra;
que yo, pues goza mi hijo
el cetro ya, retirada
vivir quiero en un convento.

Ramón   Ello es justo, y tú lo mandas.

Pedro   Y yo, señora, pues pierdo
tan merecida esperanza,
me parto donde echéis menos
a Pedro Ruiz de Azagra.

Zaratán   Y yo, pues soy tan dichoso,
que entre tantos no me casan,
daré fin a la comedia,
si dais perdón a las faltas
de esta verdadera historia
que el docto padre Mariana
apunta en el libro onceno
de los Anales de España.

Fin de la comedia

Libros a la carta

A la carta es un servicio especializado para
empresas,
librerías,
bibliotecas,
editoriales
y centros de enseñanza;
y permite confeccionar libros que, por su formato y concepción, sirven a los propósitos más específicos de estas instituciones.

Las empresas nos encargan ediciones personalizadas para marketing editorial o para regalos institucionales. Y los interesados solicitan, a título personal, ediciones antiguas, o no disponibles en el mercado; y las acompañan con notas y comentarios críticos.

Las ediciones tienen como apoyo un libro de estilo con todo tipo de referencias sobre los criterios de tratamiento tipográfico aplicados a nuestros libros que puede ser consultado en Linkgua-ediciones.com.

Linkgua edita por encargo diferentes versiones de una misma obra con distintos tratamientos ortotipográficos (actualizaciones de carácter divulgativo de un clásico, o versiones estrictamente fieles a la edición original de referencia).

Este servicio de ediciones a la carta le permitirá, si usted se dedica a la enseñanza, tener una forma de hacer pública su interpretación de un texto y, sobre una versión digitalizada «base», usted podrá introducir interpretaciones del texto fuente. Es un tópico que los profesores denuncien en clase los desmanes de una edición, o vayan comentando errores de interpretación de un texto y esta es una solución útil a esa necesidad del mundo académico.

Asimismo publicamos de manera sistemática, en un mismo catálogo, tesis doctorales y actas de congresos académicos, que son distribuidas a través de nuestra Web.

El servicio de «libros a la carta» funciona de dos formas.

1. Tenemos un fondo de libros digitalizados que usted puede personalizar en tiradas de al menos cinco ejemplares. Estas personalizaciones pueden ser de todo tipo: añadir notas de clase para uso de un grupo de estu-

diantes, introducir logos corporativos para uso con fines de marketing empresarial, etc. etc.

2. Buscamos libros descatalogados de otras editoriales y los reeditamos en tiradas cortas a petición de un cliente.

www.ingramcontent.com/pod-product-compliance
Lightning Source LLC
La Vergne TN
LVHW041258080426
835510LV00009B/792